기업가 정신 함양을 위한

SW 로봇 & 3D 메이킹

• 김명석 □ □ 광현 감수 •

KB075088

(주) 삼양미디어

머리말

로봇이 일상화되는 시대 영화 스타워즈에 나오는 등장인물 중에는 특이한 기계음을 내며 바퀴 없이 공처럼 굴러서 이동하는 'BB'라는 로봇이 있습니다. 처음 영화에 선보였을 때만 해도 현실 세계에 이런 로봇이 쉽게 세상에 나오리라고는 상상하기 힘들었습니다. 하지만 이런 수준의 로봇은 이미 상용화되어 장난감으로 팔리고 있습니다. 그뿐만 아니라 청소 로봇이 대중화되고 있으며, 일본에서 만든 '페퍼'라는 이름을 가진 로봇은 박물관이나 일반 매장에서 손님들을 안내하고 서빙까지 돕기도 합니다. 앞으로 로봇 기술이 얼마나 더 진화할지는 모르겠지만, 사회 전반에서 인간이 불편하게 느끼는 부분을 개선해 주는 인공 지능 로봇의 시대가 머지 않았음을 확신합니다. 과거에는 상상하기 힘들었던 스마트폰이 현재에는 많은 사람의 필수품이 되었듯이 앞으로 우리 생활 전반에서 다양한 활동을 하는 로봇들이 일상화되는 시대가 곧 열릴 것입니다.

인공 지능 로봇이 몰고 올 직업의 변화 2016년 바둑 세계에서 정상의 실력을 갖추고 있는 한국의 이세돌 9단과 중국의 커제 9단이 구글에서 개발한 인공 지능 '알파고'에 맥없이 졌다는 뉴스에 많은 사람이 놀랐습니다. 과거에는 기계가 인간의 단순 노동을 대체했다면, 인공 지능을 장착한 현재의 기계는 복잡한 기술이 필요한 영역까지 파고들고 있습니다. 바둑 대결에서 보여 주었던 인간을 초월한 인공 지능의 능력은 신체적인 단순 노동뿐만 아니라 정신적인 부분까지 잠식하여 사람들이 하던 여러 분야의 직업들마저 사라질 것으로 전문가들은 예측합니다. 어떤 사람들은 로봇이 인간의 직업을 대체하는 시대를 걱정하고 비관적으로 생각하기도 합니다. 하지만 다른 관점에서 생각해 보면 지루하게 반복되는 복잡한 일은 로봇이 맡고, 사람들은 좀 더 창의적이고 인간적인 일을 할 수 있게 된다는 긍정적인 부분도 많습니다. 다시 말해 정말 인간만이 할 수 있는 그런 일에 집중할 수 있다는 뜻입니다. 로봇과 같은 자동화 기기나 다양한 기능을 장착한 정보 기기로 인해 사람들은 늘어나는 여가를 누리고, 자신을 표현하는 인간 중심의 일을 통해 새로운 부가 가치를 만들 수도 있습니다. 로봇은 우리가 이러한 일을 하는 데 하나의 도구로 활용됨으로써, 행복한 삶을 살아갈 수 있도록 하는 데 많은 도움을 줄 것입니다.

21C 핵심 역량 로봇 활용 리터러시 스마트폰으로 전화를 걸고 받을 줄만 아는 사람과 스마트폰에 필요한 앱을 설치하여 생활 전반에 활용하는 사람은 어떤 일을 수행하는 데 있어서 능력의 차이가 있기 마련입니다. 이처럼 로봇이 일반화되는 시대에도 로봇을 잘 활용하는 사람과 그렇지 못한 사람 간의 능력 차이는 더 벌어질 것입니다. 로봇을 이해하고 활용하는 능력인 로봇 활용 리터러시는 21세기를 살아가기 위한 핵심 역량입니다. 인공 지능 로봇은 사실상 움직이는 컴퓨터라고 할 수 있습니다. 그래서 로봇을 이해하기 위해서는 컴퓨터를 작동시키는 소프트웨어의 이해가 필수입니다. 소프트웨어 전문 개발자가 아니더라도 소프트웨어의 기본적인 작동 원리와 프로그래밍의 이해는 로봇을 이해하고 활용하는 것을 한층 더 수월하게 할 것입니다.

SW를 활용하는 로봇과 3D 메이킹을 한 번에 학습할 수 있는 교재 본 교재는 SW 교육용 로봇인 '햄스터 로봇'을 이용하여 소프트웨어와 로봇을 효과적으로 활용하는 방법에 관해 소개하고 있습니다. 특히 동기 유발을

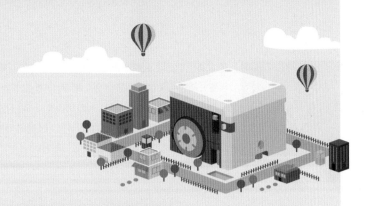

위해 '햄스디몽의 모험'이라는 스토리와 만화로 흥미롭게 설명되어 있습니다. 햄스디 로봇, 즉 햄스터공이 주인공 민준이와 함께 햄스터 볼을 찾아가는 과정에서 나타나는 다양한 문제 상황을 소프트웨어로 해결해 나가는 방식으로 이야기가 전개되고 학생들이 쉽게 따라 하면서 배울 수 있도록 기초적인 코딩부터 자율 주행, 음성 인식, 피지컬 컴퓨팅, 3D 메이킹까지 다양한 주제를 골고루 담아 폭넓게 활용할 수 있도록 하였습니다. 마지막 단원에서는 일상생활의 문제점을 찾아 해결하는 기업가 정신을 다양한 활동지를 통해 학습해봄으로써 이 교재에서 습득한 지식과 기술을 내 삶에 직접 적용하고 도전해 보는 기회를 가질 수 있습니다.

★ 본 교재에 있는 다양한 학습 활동을 하려면 기본적으로 '스마트폰'과 '햄스터 로봇'이 필요합니다. 더 나아가 고급 과정을 위해서는 '3D 프린터'와 '햄스터 확장 보드'도 필요합니다.

★ 본 교재에서 사용된 모든 소프트웨어와 학습 자료는 메이커샘(http://makersaem.com) 홈페이지에서 찾아볼 수 있습니다. 이곳에는 기본 자료 외에도 이 책으로 학습하는 모든 독자들의 원활한 활동 지원을 위한 다양한 자료와 기능을 정리하여 두었으니 활용하시면 많은 도움이 될 것입니다.

★ 이 책을 학습하는 데 있어서 단계별 주요 개념 및 준비물은 다음과 같습니다. ★

단계	주요 개념	이야기 상황	준비물
1. 모험 준비하기 (코딩 하기)	• 햄스터 로봇 • 로보이드 앱 사용 방법	햄스터 스쿨 여행	• 햄스터 로봇 • 스마트폰
2. 모험 시작하기 (소프트웨어 제어 구조)	기본 코딩 배우기	햄스터 볼을 찾아 다양한 모험하기	• 햄스터 로봇 • 스마트폰
3. 문제 해결 모험 (피지컬 컴퓨팅)	센서 활용	원자력 발전소에서 발생한 문제 해결하기	• 햄스터 로봇 • 스마트폰
4. 로봇 올림픽 참가하기 (확장 보드)	피지컬 컴퓨팅 이해	로봇 올림픽 참가하기	• 햄스터 로봇 • 3D 프린터 • 스마트폰 • 햄스터 로봇 확장 쉴드 • 햄스터 로봇 확장 보드
5. 3D 메이킹 (3D 모델링/3D 프린팅)	• 팅커캐드로 3D 모델링하기 • 3D 모델링하고 3D 프린터로 출력하기 • 3D 디자인 모델을 실제 3D 프린팅하기		• PC • 팅커캐드 • 3D 프린터
6. SW 메이킹과 창업 도전 (기업가 정신)	• 디자인 씽킹 문제 발견하기 • 창의적 아이디어 발상하기 • 아이디어 실제 적용하기		• 활동지

본 교재는 햄스터 로봇이 보물을 찾기 위한 모험을 주제로 그 속에서 발생하는 다양한 문제 상황을 흥미를 느끼면서 해결해 나갈 수 있도록 구성하였습니다. "모험 준비하기 → 모험 시작하기 → 문제 해결 모험 → 로봇 올림픽 참가하기 → 3D 메이킹 → SW 창업 도전" 과정을 단계별로 학습하면서 스마트폰과 햄스터 로봇을 이용하여 피지컬 컴퓨팅 시스템의 기본 동작 원리를 이해하고, 실생활에 필요한 프로그램을 만들 수 있는 기초를 다질 수 있도록 합니다.

이 책의 구성

단원 소개

이 단원에서 학습할 내용을 미리 짚어 볼 수 있습니다.

생각 열기

앞으로 어떤 모험을 하게 될지 미리 상상해 보도록 함으로써, 자연스럽게 학습할 내용에 흥미를 느낄 수 있습니다.

따라하기

스마트폰으로 햄스터 로봇을 직접 조종하여 문제를 해결할 수 있도록 필요한 명령어 블록들을 하나씩 나열하는 과정을 따라하면서 프로그램을 완성할 수 있습니다.

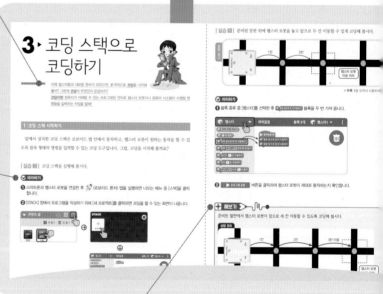

해보기

학습한 내용을 토대로 실생활에서 피지컬 컴퓨팅 시스템이 적용되고 있는 사물로는 어떤 것이 있는지 알아보고, 새롭게 피지컬 컴퓨팅 시스템을 활용할 수 있는 것이 있는지 생각해 보도록 합니다.

생각하기

코딩하기에 앞서 문제 해결을 위해 필요한 절차를 생각해 보는 단계로, 햄스터 로봇이 수행할 명령들을 순서대로 나열해 볼 수 있습니다.

알고가기

문제 해결에 필요한 명령 혹은 장치들에 대한 설명을 적시적소에 배치하여 설명해 줌으로써, 학습의 능률을 높일 수 있습니다.

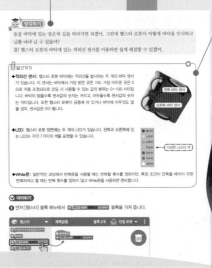

모험하기

주어진 지도 등과 같은 실제 문제 상황에서 햄스터 로봇이 모험을 할 수 있도록 만화 또는 다양한 부속물을 제시하였습니다.

다음 모험 떠나기

흥미 유발을 위해 만화로 구성된 이야기를 통해 또 다른 모험이 있음을 미리 알려주어 지루함 없이 재미있게 코딩 학습을 할 수 있게 구성 하였습니다.

이 책의
차례

★햄스터 스쿨★
햄스터몽의 모험

학교 전경

자! 오늘 수학은 재미있는 연립방정식 단원입니다. 교과서 75페이지를 펴세요.

도대체 이게 뭐가 재미있다는 거야. 무슨 말인지 하나도 모르겠는데…

벌써 저녁이네.
학교 공부도 힘든데
학원에 가서 또 공부를
해야 하다니…

쪼벅
쪼벅

아… 정말 들어가기 싫다.
뭐 재미있는 일 없을까?

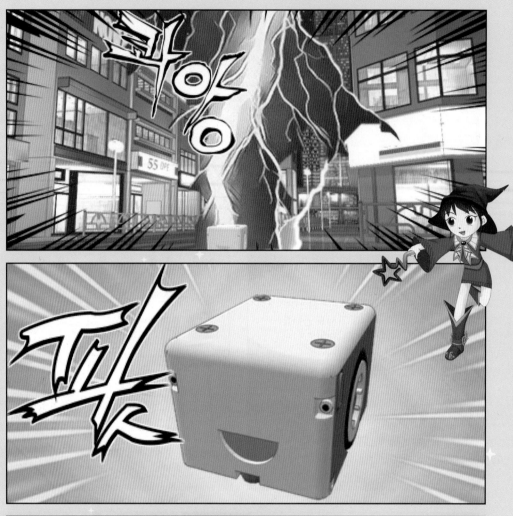

안녕? 난 '햄스터몽'이라고 해.
미래의 민준이가
너를 돕기 위해 보낸 로봇이야.

민준이라면 나?
그리고 햄스터몽 로봇은
또 뭐야?

맞아! 너야.
햄스터몽은 미래의 민준이가 교장으로 있는 햄스터 스쿨에서 학생들의 모험 활동을 돕기 위해 만든 로봇이야.

햄스터 스쿨? 내가 교장이 된다고?
학교에서 공부가 아닌 모험을 한다니…
궁금하다. 미래로 가보고 싶어.

가면 되지.
자자! 얼른 내 위에
올라타!

우잉

와! 신기하다.

슝-

햄스터 스쿨에 온 것을 환영합니다.
저는 이 학교의 교장입니다.
신나는 경험이 필요한 학생들에게
햄스터몽을 보내서 이곳으로 초대하고 있답니다.

함께 모험을 떠나 봅시다.

01

모험 시작하기
(코딩 준비)

☑️ 단원에서 무엇을 배우나요?

햄스터 로봇을 스마트폰에 연결하여 모험을 떠나려고 합니다.
필요한 준비 작업과 힘께 기본 코딩 방법을 알아봅시다.

★준비물: 햄스터 로봇, 안드로이드폰★

1▸ 햄스터 로봇 소개   **2▸** 로보이드 앱 준비   **3▸** 코딩 스택으로 코딩하기

1 ▶ 햄스터 로봇 소개

햄스터몽과 함께 모험을 하려면 먼저 **햄스터 로봇**의 구조에 대해 잘 알아야 해.
햄스터 로봇에 대해 알아보자.

1 | 햄스터 로봇 살펴보기

햄스터 로봇은 소프트웨어 교육을 위해 개발된 작고 귀여운 로봇입니다. 비록 크기는 작지만, 각종 입력 장치와 출력 장치를 모두 갖추고 있습니다. 예를 들어 전방 근접 센서로 물체를 감지하고, 바닥 센서로 선을 따라 이동할 수 있습니다. 또한 7가지 색의 LED를 자유자재로 켜고, 버저 음을 이용하여 노래를 연주할 수도 있습니다. 이외에도 밝기 센서, 온도 센서, 가속도 센서 등 다양한 센서를 이용하면 햄스터 로봇을 더 똑똑하게 활용할 수 있습니다. 그런데 이게 끝이 아닙니다. PC뿐만 아니라 스마트폰이나 태블릿과도 연결할 수 있고, 외부 입출력 단자에 또 다른 입력 센서나 출력을 위한 장치를 연결하여 활용할 수도 있습니다.

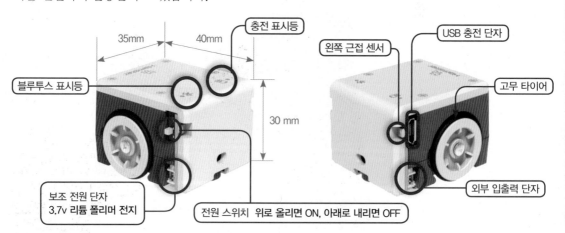

| **햄스터 로봇의 배터리 특징** 내장 리튬 배터리(3.7V, 120mA), 충전(약 30분 소요), 충전 후 사용 가능 시간(연속으로 작동할 경우 평균 1시간, 대기할 경우 최대 12시간 사용 가능)

이처럼 햄스터 로봇에는 다양한 입력 장치와 출력 장치가 들어 있는데요, 입출력 장치에 대해 좀 더 알아볼까요?

2 | 입력 장치

로봇의 여러 가지 부품 중에는 인간의 눈, 귀와 같이 주변 환경을 인식하는 장치가 있습니다. 이처럼 주변 환경의 정보를 인식하는 데 주로 사용하는 부품을 입력 장치라고 하며, 햄스터 로봇에는 전방 근접 센서, 바닥 센서, 밝기 센서, 3축 가속도 센서, 내부 온도 센서 등의 입력 장치가 있습니다.

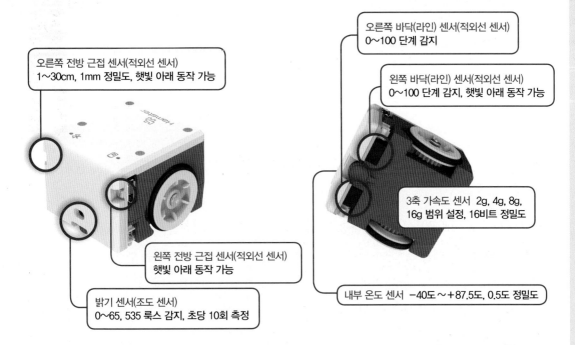

오른쪽 전방 근접 센서(적외선 센서)
1~30cm, 1mm 정밀도, 햇빛 아래 동작 가능

왼쪽 전방 근접 센서(적외선 센서)
햇빛 아래 동작 가능

밝기 센서(조도 센서)
0~65, 535 룩스 감지, 초당 10회 측정

오른쪽 바닥(라인) 센서(적외선 센서)
0~100 단계 감지

왼쪽 바닥(라인) 센서(적외선 센서)
0~100 단계 감지, 햇빛 아래 동작 가능

3축 가속도 센서 2g, 4g, 8g,
16g 범위 설정, 16비트 정밀도

내부 온도 센서 −40도 ~ +87.5도, 0.5도 정밀도

3 | 출력 장치

인간이 말을 하거나 움직이듯이 로봇도 팔을 움직이거나 소리를 낼 수 있습니다. 이처럼 로봇의 활동을 가능케 하는 부품을 출력 장치라고 하며, 햄스터 로봇에는 LED, 스피커, 모터 등의 출력 장치가 있습니다.

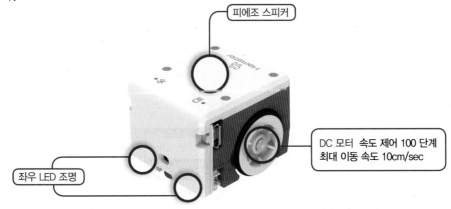

피에조 스피커

좌우 LED 조명

DC 모터 속도 제어 100 단계
최대 이동 속도 10cm/sec

2 ▶ 로보이드 앱 준비

앞으로 모험을 함께 할 햄스터 로봇은 어떤 로봇인지 이해가 되었니?
이제 스마트폰으로 햄스터 로봇을 조종할 때 필요한 **로보이드 앱**에 대해 알아보자.

사람들이 외국인과 대화를 하기 위해 외국어를 사용하듯이 로봇과 대화를 하려면 로봇이 이해할 수 있는 언어를 사용해야 하는데, 이것을 프로그래밍 언어(programming language)라고 합니다. 그리고 글씨를 종이에 쓰듯이 프로그래밍 언어를 컴퓨터에 입력하는 것을 코딩(coding)이라고 합니다.

프로그래밍 언어에는 C, C++, JAVA 등 종류가 다양한데, 햄스터 로봇은 엔트리(Entry)와 스크래치(Scratch), 파이선(Python), 자바스크립트(JavaScript) 등의 언어를 사용하여 코딩을 합니다. 이 책에서는 스마트폰으로 햄스터 로봇을 움직이기 위해 '로보이드 론처'라고 하는 앱을 스마트폰에 설치하여 사용하도록 합니다.

'로보이드 론처'는 스마트폰과 햄스터 로봇이 대화를 할 수 있게 하는 프로그램으로, 안드로이드폰에서만 작동하며 '플레이 스토어'에서 무료로 내려 받을 수 있습니다. 또한 프로그램을 작성할 때 필요한 '스택 for ROBOID' 앱도 추가로 설치합니다.

1 | 필요한 앱 설치하기

▶ (플레이 스토어)에서 '로보이드'를 검색하여 '로보이드 론처'와 함께 검색되는 '스택 for ROBOID'
도 설치합니다.

2 | 블루투스 모드로 연결하기

| **실습 1** | 햄스터 로봇을 로보이드 론처 앱에 무선 통신으로 연결해 봅시다.

✓ 따라하기

❶ 설치한 '로보이드 론처' 앱을 실행한 후  (하드웨어) 버튼을 누릅니다.

❷ [하드웨어] 창이 나오면 [하드웨어 추가] 버튼을 누른 후 햄스터 로봇의 전원 스위치를 켜면, 블루투스 무선 통신과 햄스터 로봇을 자동으로 연결할 수 있습니다.

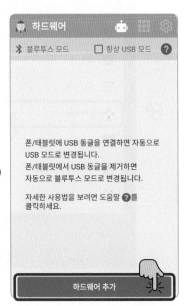

※블루투스 연결 시 근처에 여러 대의 햄스터 로봇이 있을 경우, 무작위로 연결될 수 있으므로 햄스터 로봇의 전원을 하나씩 켜면서 순차적으로 연결하도록 합니다.

▶**연결이 안 될 때 조치 방법**
• **방법1**: 스마트폰 또는 햄스터에 있는 전원을 껐다가 다시 켜도록 합니다.
• **방법2**: 이전에 로보이드 앱에 연결했던 햄스터 로봇 이름이 있으면 삭제하고, 다시 연결을 시도하도록 합니다.

❸ 연결된 햄스터 로봇에 임의로 이름을 지어 주고 [확인] 버튼을 누르면 햄스터 로봇을 조종하기 위한 프로그램을 코딩할 수 있는 준비가 완료됩니다.

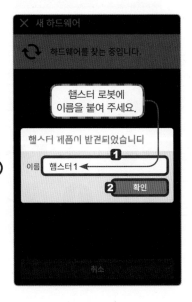

3 | 동작 확인하기

| 실습 ② | 스마트폰으로 햄스터 로봇의 움직임을 확인해 봅시다.

✓ 따라하기

❶ 로보이드 앱에 연결된 햄스터 이름을 선택하고 [동작 확인]을 선택합니다.

❷ 햄스터 로봇의 출력 기능인 LED, 바퀴 모터, 스피커 등의 아이콘을 각각 클릭하여 햄스터 로봇이 제대로 작동하는지 확인합니다.

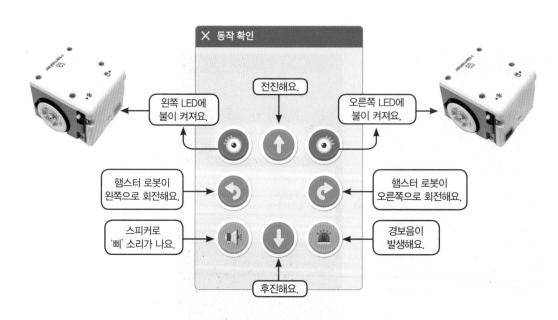

❸ 여러 동작 중 🔼(전진)을 여러 번 눌러 햄스터 로봇이 똑바로 전진하는지 확인합니다. 만약 전진할 때 한쪽으로 치우쳐 이동할 경우, ⚙️(하드웨어 설정)의 [바퀴 보정] 메뉴를 클릭하여 바퀴 방향을 보정합니다.

❹ 햄스터가 왼쪽으로 치우쳐서 전진하면 '➕' 를 클릭하고 오른쪽으로 치우쳐서 전진하면 '➖' 를 클릭하여 방향을 보정한 후 [출발] 버튼을 클릭합니다. 보정이 완료되면 [하드웨어 저장]을 선택합니다.

❺ 이번에는 좌우 ⦿(LED) 아이콘을 여러 번 누르면서 어떤 상황이 벌어지는지 확인해 봅시다.

3▸코딩 스택으로 코딩하기

이제 햄스터몽과 대화할 준비가 되었으면, 본격적으로 **코딩**을 시작해 볼까? 그런데 **코딩**이 무엇인지 궁금하지?
코딩이란 컴퓨터가 이해할 수 있는 프로그래밍 언어로 햄스터 로봇이나 컴퓨터 시스템이 수행할 명령들을 입력하는 작업을 말해!

1 | 코딩 스택 시작하기

앞에서 설치한 코딩 스택은 로보이드 앱 안에서 동작하고, 햄스터 로봇이 원하는 동작을 할 수 있도록 블록 형태의 명령을 입력할 수 있는 코딩 도구입니다. 그럼, 코딩을 시작해 볼까요?

| 실습 3 | 코딩 스택을 실행해 봅시다.

✔ **따라하기**

❶ 스마트폰과 햄스터 로봇을 연결한 후 🚀 (로보이드 론처) 앱을 실행하면 나오는 메뉴 중 [스택]을 클릭합니다.

❷ [STACK] 창에서 프로그램을 작성하기 위해 [새 프로젝트]를 클릭하면 코딩을 할 수 있는 화면이 나옵니다.

 ➔

⬇

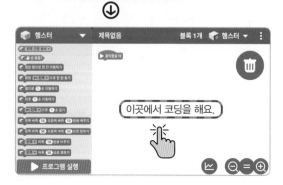

2 | 코딩 스택 화면 구성 이해하기

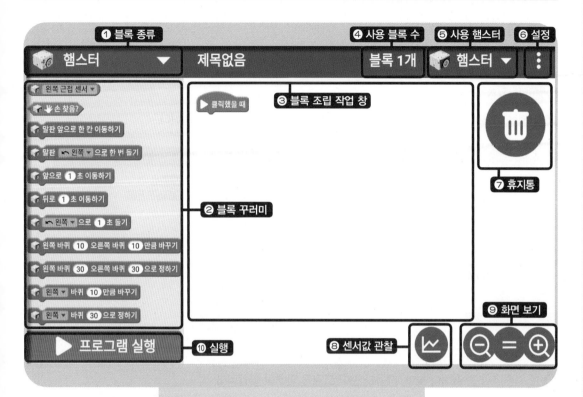

❶ **블록 종류**: 다양한 블록의 종류를 선택할 수 있습니다.
   [시작], [흐름], [소리], [관찰], [연산], [자료], [함수], [대시보드], [폰/태블릿], [햄스터]

❷ **블록 꾸러미**: 각 블록에 해당하는 명령어 블록들이 표시됩니다.

❸ **블록 조립 작업 창**: 블록 꾸러미에서 필요한 명령어 블록을 길게 눌러 이곳으로 가져와 블록들을 조립합니다. 조립 작업 창의 바탕이나 블록을 빠르게 두 번 두드리면 해당 메뉴를 볼 수 있습니다.

❹ **사용 블록 수**: 블록 조립 작업 창에서 사용한 블록의 개수가 표시됩니다.

❺ **사용 햄스터**: 프로그램 실행 시 사용할 햄스터를 선택할 수 있습니다.

❻ **설정**: 프로젝트 저장, 작업 영역 화면 저장, 프로그램 환경 설정 등을 할 수 있습니다.

❼ **휴지통**: 사용하지 않는 블록을 휴지통으로 끌어와 버리거나 버린 블록을 다시 꺼낼 수 있습니다.

❽ **센서값 관찰**: 연결된 햄스터 로봇의 센서값을 관찰할 수 있습니다.

❾ **화면 보기**: 화면을 확대 또는 축소하여 블록을 효율적으로 보면서 작업할 수 있습니다.

❿ **실행**: 조립된 블록 프로그램을 실행시켜 햄스터 로봇을 움직일 수 있습니다.

화면 구성을 모두 이해했나요? 이제 햄스터 로봇을 움직여 볼까요?

3 | 코딩 방법 익히기

| 실습 4 | 원하는 명령어 블록을 블록 조립 작업 창으로 가져와서 블록들을 조립하고, 필요 없는 블록은 휴지통으로 이동하여 삭제해 봅시다.

✅ 따라하기

❶ 가져올 블록을 손으로 누른 상태에서 블록 조립 작업 창으로 끌어다 놓습니다.

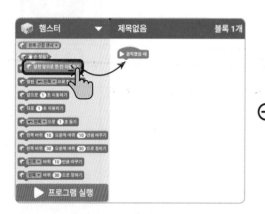 

❷ 또 다른 블록을 끌어다 놓고, 다음과 같이 모양을 맞추어 붙입니다.

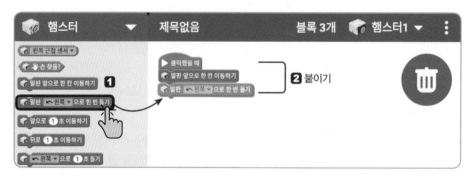

※붙어 있는 블록을 길게 누르면 해당 블록을 떼어낼 수도 있습니다.

❸ 블록 조립 작업 창에 있는 블록 중 사용하지 않는 블록은 끌어다 휴지통에 버립니다.

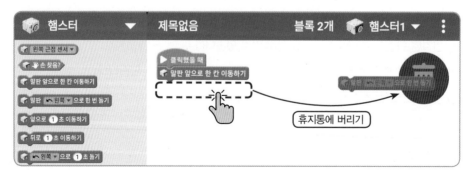

4 | 기본 동작 코딩하기

| 실습 5 | 준비된 말판 위에 햄스터 로봇을 놓고 앞으로 두 칸 이동할 수 있게 코딩해 봅시다.

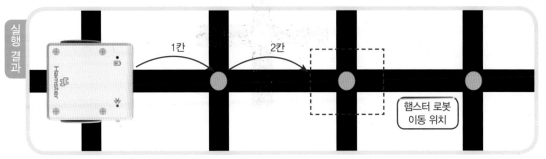

※ **부록 1**을 오려서 사용하세요.

✅ 따라하기

❶ 블록 종류 중 [햄스터]를 선택한 후 ┌ 말판 앞으로 한 칸 이동하기 ┐ 블록을 두 번 가져 옵니다.

❷ ┌ ▶ 프로그램 실행 ┐ 버튼을 클릭하여 햄스터 로봇이 제대로 동작하는지 확인합니다.

➕ 해보기

준비된 말판에서 햄스터 로봇이 앞으로 세 칸 이동할 수 있도록 코딩해 봅시다.

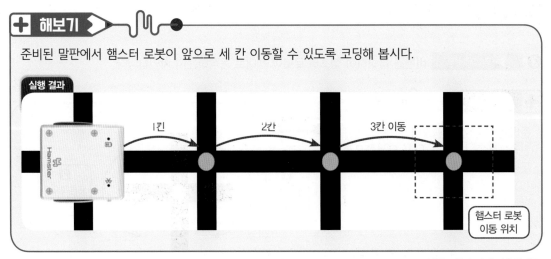

※ **부록 1**을 오려서 사용하세요.

| 실습 ⑥ | 햄스터 로봇이 제자리에서 말판 오른쪽으로 한 번 회전할 수 있도록 코딩해 봅시다.

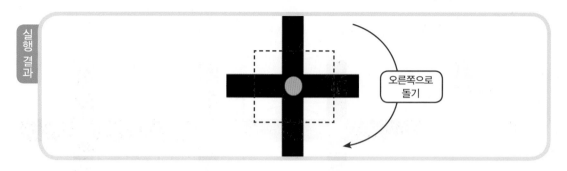

✅ **따라하기**

❶ 블록 종류 중 [햄스터]를 선택하고 [🐹 말판 ↩ 왼쪽 ▼ 으로 한 번 돌기] 블록을 가져 옵니다.

❷ 가져온 블록에서 [왼쪽] 탭을 클릭하면 방향을 선택할 수 있는 메뉴가 나옵니다. 여기서 [오른쪽]을 선택합니다.

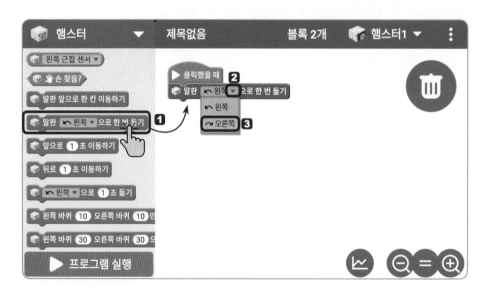

❸ [▶ 프로그램 실행] 버튼을 클릭하여 햄스터 로봇이 제대로 동작하는지 확인합니다.

➕ **해보기**

준비된 말판에서 햄스터 로봇이 말판 왼쪽으로 한 번 돌고, 다시 오른쪽으로 두 번 돌게 코딩해 봅시다.

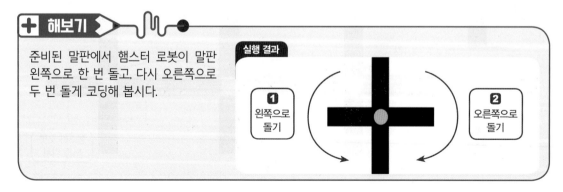

| 실습 7 | 블록을 3개만 사용하여 햄스터 로봇이 왼쪽으로 5번 돌 수 있도록 코딩해 봅시다.

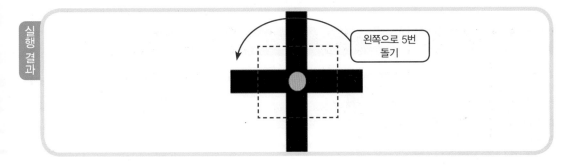

✅ 따라하기

❶ 블록 종류 중 [흐름] 메뉴를 선택하고  블록을 가져 옵니다.

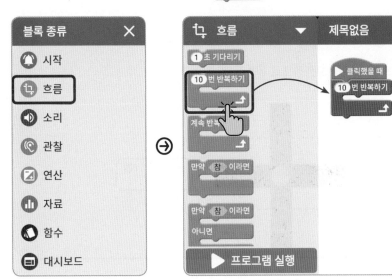

❷ 반복하기 블록에서 숫자 '10'을 클릭하고 반복 횟수를 '5'로 수정합니다.

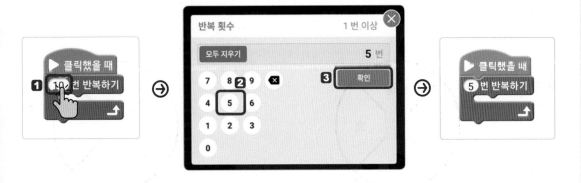

❸ 이번에는 블록 종류 중 [햄스터] 메뉴를 선택하고 █말판 ↩왼쪽▼으로 한 번 돌기█ 블록을 가져와 반복하기 블록 사이에 끼워 넣습니다.

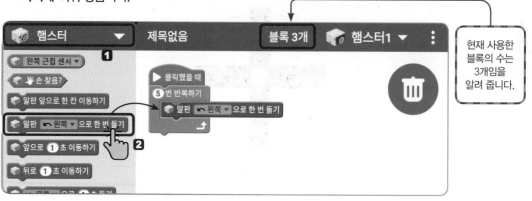

현재 사용한 블록의 수는 3개임을 알려 줍니다.

❹ ▶ 프로그램 실행 버튼을 클릭하여 햄스터 로봇이 제대로 동작하는지 확인합니다.

➕ 해보기

블록 3개를 사용하여 햄스터 로봇이 말판 오른쪽으로 8번 돌게 코딩해 봅시다.

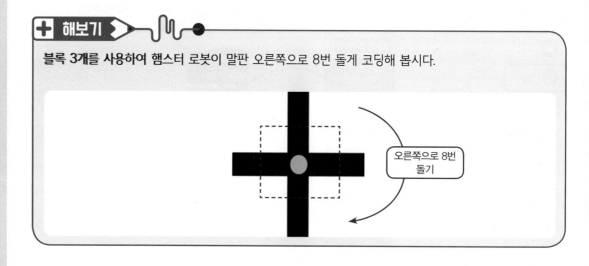

오른쪽으로 8번 돌기

|실습 8| 햄스터 로봇을 룰렛 판의 화살표로 사용하여 룰렛 게임을 해 봅시다. 이 화살표는 어떤 **항목에 걸릴지 예측이 불가능해야 합니다.** 따라서 컴퓨터가 무작위로 숫자를 넣을 수 있도록 코딩합니다.

실행 결과

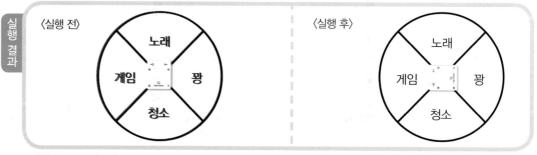

〈실행 전〉 노래 게임 꽝 청소

〈실행 후〉 노래 게임 꽝 청소

※ **부록 2**를 오려서 사용하세요.

✔ 따라하기

❶ 블록 종류 중 [햄스터] 메뉴를 선택하고 [🐹 ↰왼쪽▼으로 ①초 돌기] 블록을 가져 옵니다.

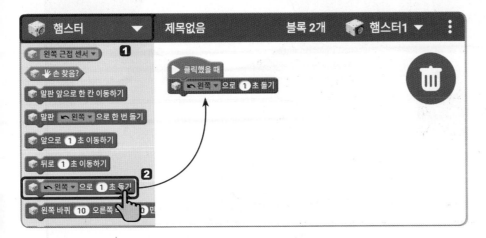

❷ 이번에는 블록 종류 중 [연산] 메뉴를 선택하고 [①부터 ⑩까지의 무작위 수] 블록을 가져온 후 '1'초에 끼워 넣습니다.

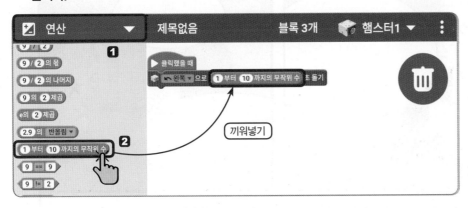

❸ [▶ 프로그램 실행] 버튼을 클릭하여 햄스터 로봇이 제대로 동작하는지 확인합니다.

➕ 해보기

나만의 룰렛 판을 만들고, 룰렛 게임을 해 봅시다.

실행 결과

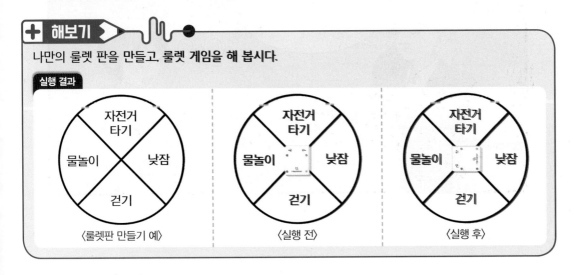

〈룰렛판 만들기 예〉　　〈실행 전〉　　〈실행 후〉

스마트폰의 '로보이드 스택 코딩'으로 프로그램을 만들어 햄스터 로봇을 어떻게 움직이는지 이해했나요?

햄스터몽과 함께 모험을 시작해 볼까요?

02

모험 시작하기
(소프트웨어 제어 구조)

✅ 단원에서 무엇을 배우나요?

순차, 반복, 선택 구조로 프로그램을 코딩하여 햄스터몽의 모험에서 발생하는 다양한
문제를 해결해 봅시다.

★준비물: 햄스터 로봇, 안드로이드폰★

1▸ 순차 구조   **2▸** 반복 구조_1   **3▸** 반복 구조_2

4▸ 이중 반복문   **5▸** 조건 반복문   **6▸** 선택 구조

1 ▶ 순차 구조

내 손엔 지도 한 장! **햄스터 볼**을 찾으러 떠나 볼까?
그런데 배가 고프네. 금강산도 식후경이니 편의점에 가서 간식도 먹고,
점원에게 **햄스터 볼**에 대해 물어 보자.

 **모험하기**

모험을 나선 햄스터 로봇이 현재 위치에서 편의점까지 갈 수 있게 코딩해 봅시다.

※ **부록 3**을 오려서 사용하세요.

시작하기 전, 햄스터
로봇을 그림의 방향대
로 맞춰 올려 주세요.

수행 조건

프로그래밍을 할 때 명 령어 블록은 4
개만 사용하도록 합니다. 이때 필수 사
용 블록은 다음과 같습니다.

> 📐 말판 앞으로 한 칸 이동하기

> 📦 말판 ↰ 왼쪽 ▼ 으로 한 번 돌기

생각하기

흠!., 어떤 명령어 블록을 사용하는 것이 좋을까? 길이 있으니까 말판 블록을 이용하면 될 것 같은데… 일단 코딩하기 전 동작 순서를 적어 보자.

● 햄스터 로봇이 수행할 동작들?
▶ 앞으로 이동 ▶ 오른쪽으로 돌기 ▶ 앞으로 이동

✓ 따라하기

❶ 블록 종류 중 [햄스터] 블록 메뉴에서 말판 앞으로 한 칸 이동하기 블록을 작업 창으로 가져 옵니다.

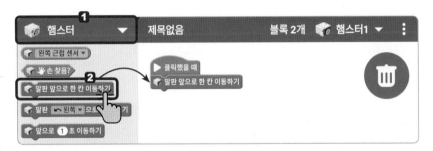

❷ 이번에는 말판 왼쪽으로 한 번 돌기 블록을 가져와 연결하고 [오른쪽]을 선택합니다.

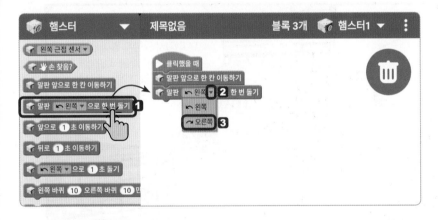

❸ 다시 말판 앞으로 한 칸 이동하기 블록을 하나 더 가져와 연결합니다.

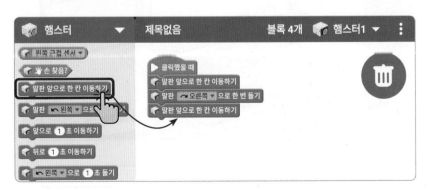

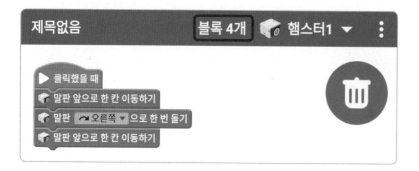

편의점에 도착했나요? 맛있게 간식을 먹고, 점원에게 햄스터 볼의 행방에 대해 물어 보세요.

다시 모험을 떠나 볼까요? 과일가게로 출발!

2 ▶ 반복 구조_1

지금 내 위치는 편의점. 여기서 과일가게까지는 꽤 먼 것 같은데,
그 곳에 도착하는 과정을 코딩하려면 많은 명령어 블록이 필요할 것 같아.
하지만 **적은 수의 명령어 블록으로 코딩**하는 방법을 찾아보자.

 **모험하기**

햄스터 로봇이 편의점에서 과일가게까지 갈 수 있게 코딩해 봅시다.

과일가게까지
이동해 보세요.

시작하기 전, 햄스터
로봇을 그림의 방향대
로 맞춰 올려 주세요.

※ **부록 4**를 오려서 사용하세요.

수행 조건

프로그래밍을 할 때 명령어 블록은 5
개만 사용하도록 합니다. 이때 필수 사
용 블록은 다음과 같습니다.

> 말판 앞으로 한 칸 이동하기

> 말판 ↰ 왼쪽 ▼ 으로 한 번 돌기

> 10 번 반복하기 ↵

 생각하기

먼저 햄스터 로봇이 이동하는 경로를 순서대로 생각해 보자.

● 햄스터 로봇이 수행할 동작들

왼쪽으로 돌기 ▶ 왼쪽으로 돌기 ▶ 앞으로 이동 ▶ 앞으로 이동 ▶ 앞으로 이동

우선 왼쪽으로 두 번 도는 동작에 의해 뒤로 돈 다음, 앞으로 세 칸을 가야 해. 그러기 위해선 6 개의 블록이 필요한데 5개의 블록만 사용해야 한단 말이지?

같은 동작을 세 번 이상 반복하는 부분을 '반복하기' 블록을 사용하면 해결될 것 같아.

✓ 따라하기

❶ 🖝 말판 ↰ 왼쪽 ▾ 으로 한 번 돌기 블록을 두 번 끌어다 놓습니다.

❷ 블록 종류를 🔁 흐름 메뉴로 바꿉니다.

❸ 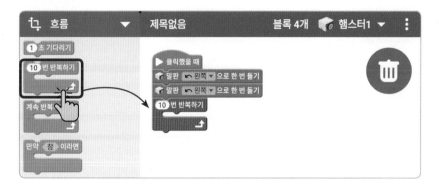 블록을 가져와 연결합니다.

❹ 다시 [햄스터] 블록 메뉴를 선택한 후 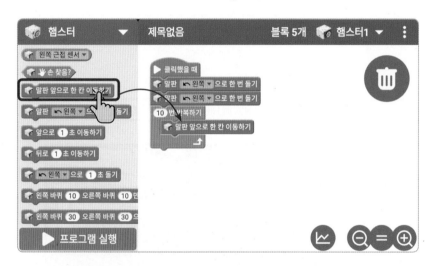 블록을 가져와 다음과 같이 끼워 넣습니다.

❺ 이번에는 반복하기 블록에서 숫자 '10'을 '3'으로 변경합니다.

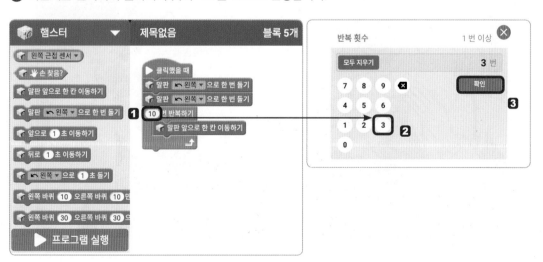

✅ 완성 코드 확인하기

과일가게에 도착했으면 할머니에게 햄스터 볼의 행방에 대해 물어 보도록 합니다.

다시 모험을 시작해 볼까요? 폐광을 향해 출발!

3 ▶ 반복 구조_2

어라! 폐광까지 가는 길목 여기저기 공사하는 곳이 많네.
최대한 공사하는 곳을 피하면서 **가까운 길**을 찾도록 하자.

 모험하기

햄스터 로봇이 할머니 과일가게에서 폐광까지 순조롭게 찾아갈 수 있도록 코딩해 봅시다.

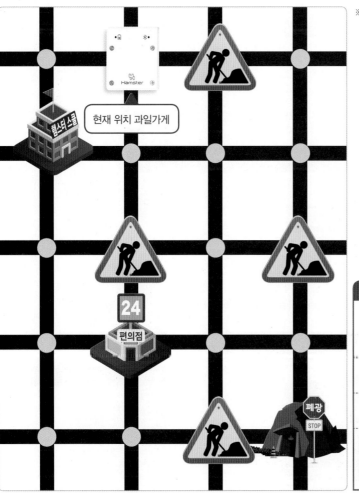

현재 위치 과일가게

※ **부록 5**를 오려서 사용하세요.

수행 조건

프로그래밍을 할 때 명령어 블록은 9개만 사용하도록 합니다. 이때 필수 사용 블록은 다음과 같습니다.

말판 앞으로 한 칸 이동하기

말판 ↰왼쪽▾으로 한 번 돌기

10 번 반복하기

41

흠, 공사하는 곳을 피해 가야 하니까 좀 복잡하겠어! 폐광까지 이동하는 경로를 순서대로 생각해 보자.

●햄스터 로봇이 수행할 동작들

왼쪽으로 돌기 ▶ 왼쪽으로 돌기 ▶ 앞으로 이동 ▶ 왼쪽으로 돌기 ▶ 앞으로 이동 ▶ 오른쪽으로 돌기 ▶ 앞으로 이동 ▶ 앞으로 이동 ▶ 왼쪽으로 돌기 ▶ 앞으로 이동 ▶ 오른쪽으로 돌기 ▶ 앞으로 이동

거리도 멀고 복잡하니까 사용할 명령어 블록 수도 많겠지만, 반복되는 부분은 '반복하기' 블록으로 묶어서 해결하면 좋을 것 같아.

✔ 따라하기

❶ [햄스터] 블록 메뉴에서 `말판 왼쪽으로 한 번 돌기` 블록을 두번 가져 옵니다.

❷ [흐름] 블록 메뉴에서 `10 번 반복하기` 블록을 가져와 연결하고, 숫자 '10'을 '2'로 바꿉니다.

❸ 두 번 반복해야 할 동작들을 [햄스터] 블록 메뉴에서 가져와 다음과 같이 끼워 넣습니다.

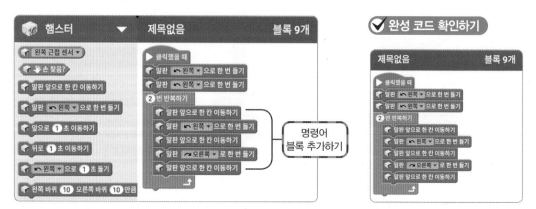

폐광까지 도착했습니다. 그런데 또 다른 문제가 발생한 것 같군요. 무엇인지 살펴볼까요?

폐광까지는 도착했는데
입구가 막혀 있어.
어떻게 해야 할까?

잠깐! 여기
뭔가 쓰여 있어.

곰 세 마리?
이게 무슨 뜻이지?

글쎄…
곰 세 마리 노래를
연주하라는 것이 아닐까?

곰 세 마리 노래를 연주하려면 악보가 필요하겠지요?
악보도 찾고 게이름과 박자 맞추기는 어떻게 해야 하는지 알아보도록 해요.

4 ▶ 이중 반복문

햄스터 로봇의 연주하기 기능으로 곰 세 마리의 첫 소절을 두 번 연속하여 연주해 보자.

우선 곰 세 마리 악보에서 음정과 박자는 무시하고, 계이름만 정확히 알고 연주하는 프로그램을 코딩해 봅시다.

• **곰 세 마리 악보**

수행 조건

프로그래밍을 할 때 명령어 블록은 15개만 사용하도록 합니다. 이때 필수 사용 블록은 다음과 같습니다.

알고가기

➕음표와 박자에 대해 알아보기

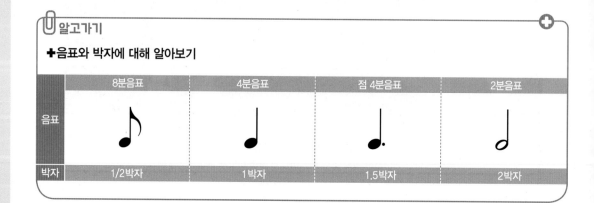

	8분음표	4분음표	점 4분음표	2분음표
음표	♪	♩	♩.	𝅗𝅥
박자	1/2박자	1박자	1.5박자	2박자

 **생각하기**

우선 음정과 박자는 무시하고 계이름을 보면서 반복되는 부분이 있는지 확인하고 코딩해 보자.

● **햄스터 로봇이 수행할 동작들**

'도' 5회 반복 ▶ '미솔솔미도' ▶ '솔솔미' 2회 반복 ▶ '도' 3회 반복

반복되는 부분은 '반복하기' 블록을 이용하면 블록 개수를 줄일 수 있겠지!

✔ **따라하기**

❶ [흐름] 블록 메뉴에서 [10 번 반복하기] 블록을 가져온 후, '10'을 '5'로 수정합니다.

❷ [햄스터] 블록 메뉴에서 [도 4 음을 ½ 박자 연주하기] 블록을 다음과 같이 끼워 넣습니다.

❸ 다시 [도 4 음을 ½ 박자 연주하기] 블록을 가져온 후, '도'를 '미'로 바꿉니다.

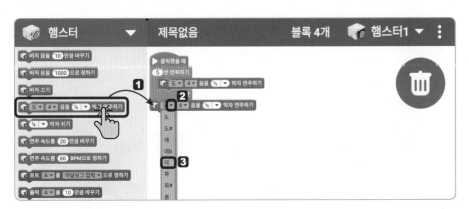

❹ 같은 방법으로 '미솔솔미도'를 순서대로 연결합니다.

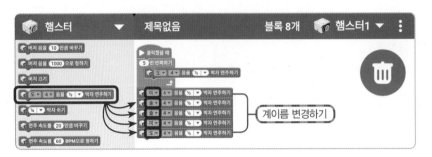

❺ 반복되는 부분은 [10 번 반복하기] 블록을 사용하여 블록이 개수를 줄이고, 반복 횟수를 다음과 같이 수정합니다.

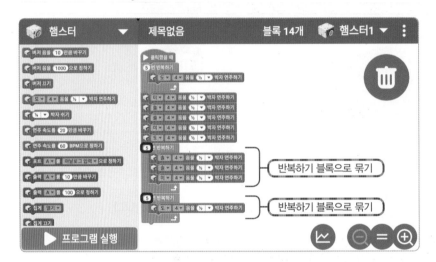

❻ 같은 연주를 2번 반복할 수 있도록 다음과 같이 [10 번 반복하기] 블록으로 전체를 감싼 후, '10'을 '2'로 바꾸고 연주해 보세요.

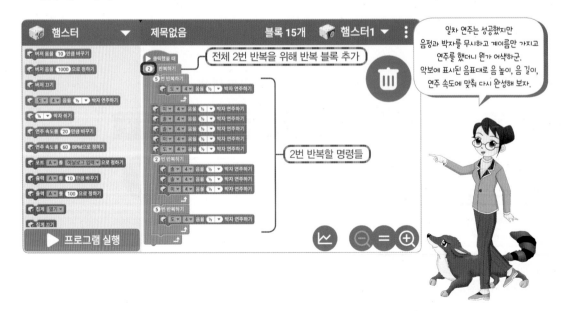

일차 연주는 성공했지만
음정과 박자를 무시하고 계이름만 가지고
연주를 했더니 뭔가 어색하군.
악보에 표시된 음표대로 음 높이, 음 길이,
연주 속도에 맞춰 다시 완성해 보자.

📎 알고가기

➕ 음 높이, 음 길이, 연주 속도의 이해

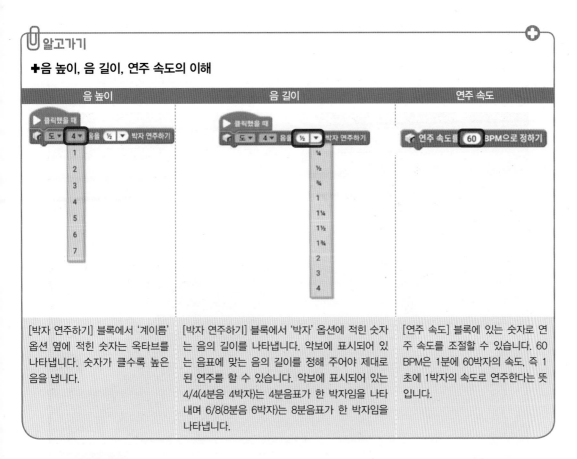

음 높이	음 길이	연주 속도
[박자 연주하기] 블록에서 '계이름' 옵션 옆에 적힌 숫자는 옥타브를 나타냅니다. 숫자가 클수록 높은 음을 냅니다.	[박자 연주하기] 블록에서 '박자' 옵션에 적힌 숫자는 음의 길이를 나타냅니다. 악보에 표시되어 있는 음표에 맞는 음의 길이를 정해 주어야 제대로 된 연주를 할 수 있습니다. 악보에 표시되어 있는 4/4(4분음 4박자)는 4분음표가 한 박자임을 나타내며 6/8(8분음 6박자)는 8분음표가 한 박자임을 나타냅니다.	[연주 속도] 블록에 있는 숫자로 연주 속도를 조절할 수 있습니다. 60 BPM은 1분에 60박자의 속도, 즉 1초에 1박자의 속도로 연주한다는 뜻입니다.

✔ 완성 코드 확인하기

음 높이, 음 길이, 연주 속도를 고려하여 다음과 같이 수정한 후 연주해 보세요.

곰 세 마리 악보가 완성되었으면 연주해 보세요. 폐광으로 들어갈 수 있는 바위문이 열렸나요?

와! 문이 열렸군요. 다음 모험을 위해 폐광 안으로 들어가 보세요.

5▶ 조건 반복문

폐광 안은 동굴이구나! 예전에 탄광이었던 곳이라 바닥에 기
찻길도 있고, 이 길을 이용하면 **햄스터몽**이 이동하기 쉬울 것 같아!
동굴이라 어두우니까 LED를 켜고 이동하자.

모험하기

동굴 안 여기저기를 돌아보면 햄스터 볼이 있는 곳을 찾을 수 있을 것 같습니다. 햄스터 로봇에
부착된 LED를 켜고 동굴 안을 탐색할 수 있도록 코딩해 봅시다.

※ **부록 6**을 오려서 사용하세요.

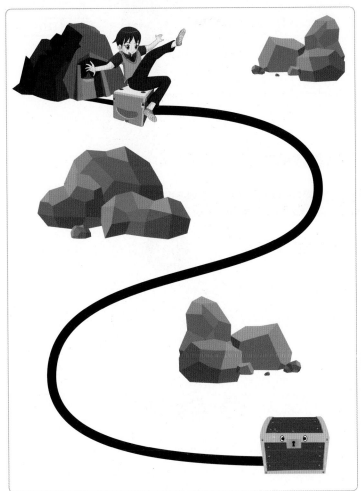

수행 조건

프로그래밍을 할 때 명령어 블록은 3
개만 사용하도록 합니다. 이때 필수 사
용 블록은 다음과 같습니다.

| 왼쪽 ▼ LED를 빨간색 ▼ 으로 정하기 |

| 검은색 ▼ 선을 따라 왼쪽 ▼ 교차로까지 이동하기 |

49

생각하기

동굴 바닥에 있는 검은색 길을 따라가면 되겠어. 그런데 햄스터 로봇이 어떻게 바닥을 인식하고 길을 따라갈 수 있을까?
참! 햄스터 로봇의 바닥에 있는 적외선 센서를 이용하면 쉽게 해결할 수 있겠어.

📎 알고가기

✚적외선 센서: 햄스터 로봇 바닥에는 적외선을 발사하는 두 개의 바닥 센서가 있습니다. 이 센서는 바닥에서 가장 밝은 곳은 100, 가장 어두운 곳은 0으로 자동 조정되므로 코딩 시 사용할 수 있는 값의 범위는 0~100 사이입니다. 바닥이 밝을수록 센시값은 커지고, 어두울수록 센서값은 0이 됩니다. 또한 햄스터 로봇이 공중에 떠 있거나 바닥에 아무것도 없을 경우, 센서값은 0이 됩니다.

왼쪽 바닥 센서

오른쪽 바닥 센서

✚LED: 햄스터 로봇 정면에는 두 개의 LED가 있습니다. 왼쪽과 오른쪽에 있는 LED는 각각 7가지의 색을 표현할 수 있습니다.

- 🔴 빨간색
- ⚪ 노란색
- ⚫ 초록색
- ⚪ 하늘색
- 🔵 파란색
- 🟣 자주색
- ⚪ 하얀색

← 다양한 LED의 색

✔ 따라하기

❶ 먼저 [햄스터] 블록 메뉴에서 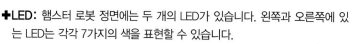 블록을 가져 옵니다.

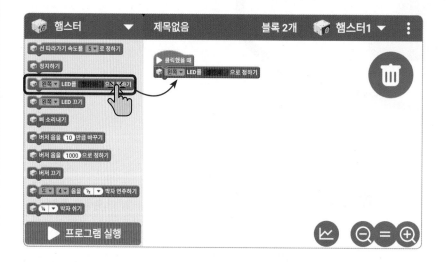

❷ '왼쪽'을 클릭하여 '양쪽' LED로 변경하고, LED 색도 '빨간색'에서 원하는 색으로 바꾸어 보세요. 여기서는 '하늘색'으로 변경합니다.

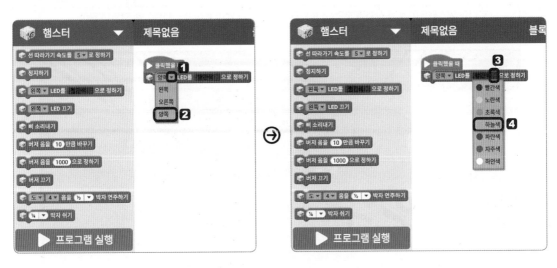

❸ 이번에는 <검은색▼ 선을 따라 왼쪽▼ 교차로까지 이동하기> 블록을 가져와 연결한 후 프로그램을 실행하여 동굴 안 기찻길을 따라가 보세요.

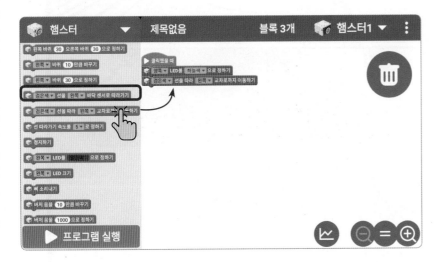

✔ 완성 코드 확인하기

6 ▶ 선택 구조

곰이 잠에서 깨지 않도록 LED를 끄고 조용히 다가가 보자.
이때 **전방 근접 센서**를 이용하여 앞에 **장애물**이 있는지를 **탐색**하는
것이 좋을 것 같아!

모험하기

햄스터 로봇이 보물 상자를 향해 전진하다가 만약 장애물이 감지될 경우, 움직임을 멈추게 하면 조명 없이도 쉽게 보물 상자 앞까지 갈 수 있습니다. 코딩해 봅시다.

※ **부록 7**을 오려서 사용하세요.

보물 상자가 있는 부분에 물건을 올려놓도록 합니다.

수행 조건

프로그래밍을 할 때 명령어 블록은 6개만 사용합니다. 이때 필수 사용 블록은 다음과 같습니다.

양쪽 바퀴 ▼ 30 으로 정하기

| 만약 참 이라면 | 계속 반복하기 |

손 찾음?

정지하기

53

생각하기

어떻게 하면 잠자는 곰이 깨지 않도록 하면서 보물 상자 앞까지 갈 수 있을까? 조명은 켜지 않고 전방 근접 센서를 이용하여 전진하다가 만약 전방에 장애물이 있을 경우 멈추도록 하면 될 것 같아. 이동 속도도 천천히 조절하고 살금살금 다가가야겠지?

알고가기

+전방 근접 센서: 햄스터 로봇 정면에는 두 개의 전방 근접 센서가 있습니다. 이 센서는 최대 30cm 거리에 있는 전방 사물을 감지할 수 있습니다. 이때 햄스터 로봇과 사물의 거리가 가까워질수록 센서값은 커지고, 멀어질수록 센서값은 작아집니다.

+DC 모터: 햄스터 로봇의 양쪽 바퀴에는 속도를 조절할 수 있는 DC 모터가 있습니다. 이 모터는 최대 10cm/sec까지 속도를 낼 수 있고, 0에서 최고 100 단계까지의 속도를 조절할 수 있습니다.

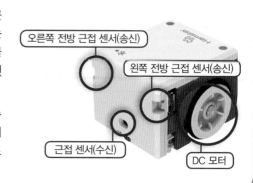

따라하기

❶ [햄스터] 블록 메뉴에서 `왼쪽▼ 바퀴 30 으로 정하기` 블록을 가져온 후, '왼쪽' 바퀴를 '양쪽' 바퀴로 바꿉니다.

❷ 양쪽 바퀴 속도도 '30'에서 '10'으로 바꿉니다.

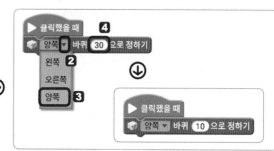

❸ 이번에는 바퀴를 계속 움직이기 위해 [흐름] 메뉴에서 `계속 반복하기` 블록을 가져와 반복하기에 끼워 넣습니다.

❹ 만약 햄스터 로봇 앞에 어떤 물건이 감지될 경우, 움직이던 바퀴를 멈추게 하려면 조건 블록을 사용해야
합니다. 조건 블록은 '만약 참이라면 어떤 일을 실행해라' 형태의 명령을 만들 때 사용합니다. 블록을 가져와 다음과 같이 끼워 넣습니다.

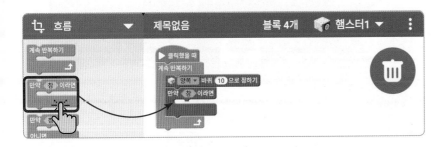

❺ [햄스터] 블록 메뉴에서 블록을 가져와 조건 블록의 '참' 부분에 끼워 넣습니다. 이때 블록은 햄스터 로봇 앞에 어떤 물건이 있는지 혹은 없는지를 확인할 수 있습니다.

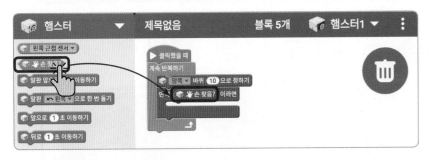

▶ 손 찾음? 기능이 잘 안될 때

오른쪽 위 를 클릭하면 나오는 메뉴에서 -[하드웨어 기본 값]-[손 찾음 기준 값]을 클릭하여 해당 값을 더 작게 조정합니다.

❻ 만약 움직이던 햄스터 로봇 앞에 물건이 감지되면 멈출 수 있도록 조건 블록 사이에 정지하기 블록을 끼워 넣습니다.

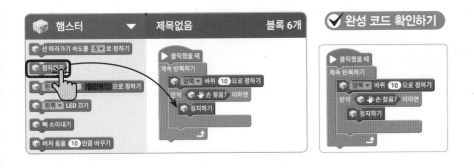

짜잔! 햄스터 볼을 찾았군요.
그런데? 갑자기 민준이가 공중으로 떠오릅니다. 무엇이 잘못된 것일까요? 또 다른 모험이 시작되는 걸까요?

03

문제 해결 모험
(피지컬 컴퓨팅)

☑️ 단원에서 무엇을 배우나요?

햄스터 로봇에 있는 여러 가지 센서를 통해 외부의 정보를 입력받은 데이터를 처리하고, 다시 다양한 출력 장치를 통해 현실로 특정한 결과를 출력해 주는 컴퓨팅 기술을 피지컬 컴퓨팅이라고 합니다. 햄스터 로봇과 스마트폰의 센서를 이용하여 '피지컬 컴퓨팅' 시스템을 만들어 봅시다.

★준비물: 햄스터 로봇, 안드로이드폰★

1 ▶ 햄스터 로봇 센서   **2 ▶** 스마트폰 센서

3 ▶ 음성 인식   **4 ▶** 자율 주행

1 ▶ 햄스터 로봇 센서

앗! 땅이 흔들리는 것 같은데, 지진 때문일까? 실제 지진이 일어났는지 확인해
보면 좋을 것 같아.
흠, **햄스터 로봇**을 이용하여 **지진 감지 장치**를 만들어 보자.

 **모험하기**

헉, 다시 어딘가로 이동한 것 같습니다. 이곳이 어디인지는 모르겠지만, 또다시 모험을 시작해야
할 것 같습니다. 민준이가 지진 감지 센서를 만들어 보겠다고 합니다. 함께 만들어 봅시다.

으악!

뭐지? 이곳은 어디지?

이곳은 지진이 일어난
후쿠시마 원자력 발전소야.
민준이가 햄스터 볼을 만져서
순간 이동을 한거야!

수행 조건

프로그래밍을 할 때 명령어 블록은 7
개만 사용합니다. 이때 필수 사용 블록
은 다음과 같습니다.

x축 가속도 ▼

지진입니다 말하기

9 > 2

60

 **생각하기**

지진을 어떻게 감지하지? 햄스터 로봇 안에 가속도 센서가 있으니까 그것을 이용해 보자.

📎 알고가기 ⊕

✚햄스터 로봇 센서값 관찰하기: 화면 오른쪽 아래에 있는 📈 아이콘을 클릭하면 다양한 센서값을 관찰할 수 있습니다.

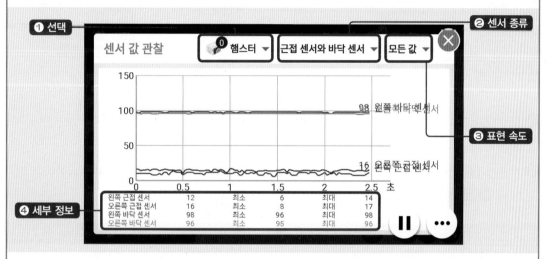

❶ **선택:** 햄스터 로봇과 폰/태블릿 중 어떤 센서로 관찰할지를 선택할 수 있습니다.

❷ **센서 종류:** 햄스터 로봇 또는 폰/태블릿이 갖고 있는 센서의 종류를 선택할 수 있습니다.

❸ **표현 속도:** 기본적으로 센서값을 나타내는 그래프는 빠른 속도로 변화하는 센서값을 표시하기 때문에 알아보기 힘들 수 있습니다. 따라서 평균값의 시간 선택을 통해 센서값이 더 천천히 표시되도록 설정할 수 있습니다.

❹ **세부 정보:** 센서값의 구체적인 정보를 볼 수 있습니다.

✚3축 가속도 센서: 햄스터를 여러 방향으로 기울이면서 X축, Y축, Z축 가속도 센서의 변화되는 값을 관찰해 보세요. 기울이는 방향에 따라 가속도 센서의 값이 바뀌는 것을 확인할 수 있습니다. 가속도 센서는 속도의 변화, 즉 가속도를 측정하는 데 사용되지만, 햄스터몽이 기울어져 있는지를 확인하기 위해 사용할 수도 있습니다.

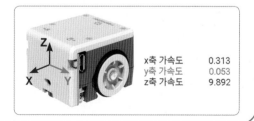

✅ 따라하기

❶ 만약 가속도 센서값이 일정한 값 이상이면 특정 행동을 할 수 있도록 [흐름] 블록 메뉴에서 블록을 가져 옵니다.

❷ 값을 비교하기 위해 [연산] 블록 메뉴에서 `9 > 2` 비교 블록을 가져와 조건 블록의 '참'에 끼워 넣습니다.

 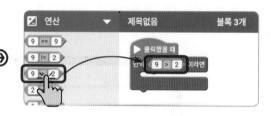

❸ 이번에는 [햄스터] 블록 메뉴에서 `왼쪽 근접 센서` 블록을 가져와 비교 블록의 숫자 '9'가 있는 곳에 끼워 넣습니다.

❹ 추가한 `왼쪽 근접 센서` 블록을 마우스로 클릭하면 다양한 센서를 선택할 수 있는 메뉴가 나옵니다. 여기에서 `x축 가속도`를 선택합니다.

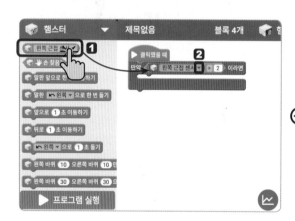 

❺ 다시 비교 블록의 숫자 '2'를 클릭하고 감지할 숫자, 예를 들어 4를 입력합니다. 이것은 센서값 관찰을 통해 흔들림을 감지할 센서값을 확인할 수 있습니다.

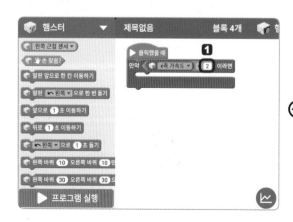 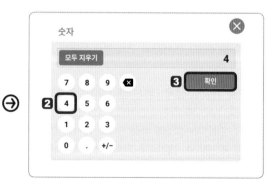

❻ 햄스터 로봇이 흔들리면 지진 경고를 할 수 있도록 [소리] 블록 메뉴에서  블록을 가져와 다음과 같이 끼워 넣습니다.

❼ '안녕'이라는 단어를 클릭한 후 지진 경고 메시지를 '지진입니다'로 입력합니다.

❽ 지진 경고 메시지와 함께 스마트폰에서 진동이 울릴 수 있도록 [폰/태블릿] 블록 메뉴에서 진동 1초 울리기 블록을 가져와 다음과 같이 끼워 넣습니다.

❾ [흐름] 블록 메뉴에서 계속 반복하기 블록을 가져 옵니다. 모든 명령어 블록을 반복하기 블록 안에 넣어 계속 반복될 수 있도록 합니다.

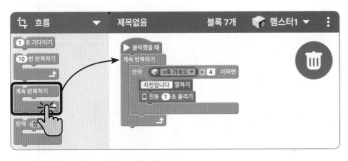

✔ 완성 코드 확인하기

❿ 프로그램을 실행한 후 햄스터 로봇을 흔들면 '지진입니다'라는 소리가 나면서 진동이 울립니다.

 해보기

❶ 실생활에서 가속도 센서를 이용하여 만든 물건으로는 어떤 것이 있는지 찾아 보세요.

❷ 가속도 센서를 이용하여 실생활에 필요한 어떤 물건을 만들 수 있는지 생각해 보세요.

가속도 센서의 활용도를 확인했나요? 그런데 지진 때문에 원자력 발전소에 문제가 생겼습니다. 확인해 볼까요?

이번에는 햄스터몽이 자동차 역할을 해야 합니다. 어떻게 자동차가 되는지 알아볼까요?

2▸ 스마트폰 센서

지진 때문에 길이 망가진 상태라 정상적인 길로 이동하긴 힘들 것 같아.
스마트폰으로 직접 **햄스터몽**을 **조종하여 이동**해 보자.

 모험하기

햄스터몽을 타고 원자력 발전소로 가 봅시다.

※ **부록 8**을 오려서 사용하세요.

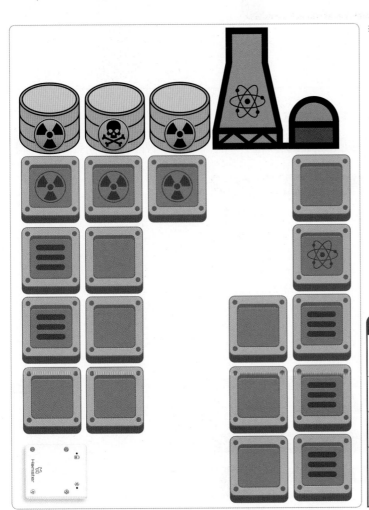

수행 조건

프로그래밍을 할 때 필수 사용 블록은
다음과 같습니다.

[x축 가속도 ▼]

[y축 가속도 ▼]

[만약 참 이라면]

 생각하기

어떻게 하면 스마트폰으로 햄스터몽을 조종할 수 있을까? 스마트폰에도 가속도 센서가 있으니까 스마트폰의 기울기 값에 따라 햄스터 로봇을 움직여 보자.

📎 알고가기

➕스마트폰 센서 활용하기

• 화면 오른쪽 아래에 있는 📈 아이콘을 클릭하면 폰/태블릿의 센서값을 관찰할 수 있습니다.

• 스마트폰을 여러 방향으로 기울이면서 폰/태블릿 센서값 창을 확인하면 X축, Y축, Z축의 가속도 센서값이 변화되는 것을 관찰할 수 있습니다. 기울이는 방향에 따라 각 축의 센서값이 어떻게 다르게 바뀌는지 확인해 보세요.

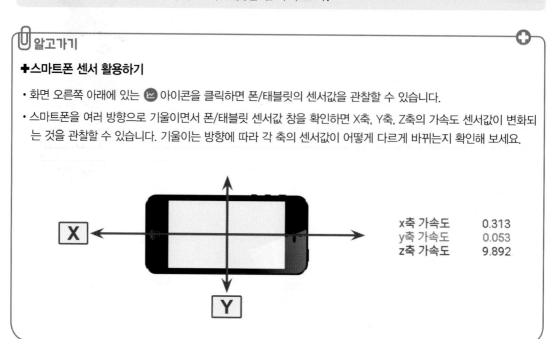

✅ **따라하기 1** 햄스터 로봇이 전진하도록 해 봅시다.

❶ [햄스터] 블록 메뉴에서 🐹 왼쪽▼ 바퀴 30 으로 정하기 블록을 가져온 후 '왼쪽' 바퀴를 '양쪽' 바퀴로 바꿉니다.

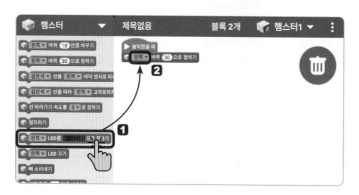

❷ 가속도 센서값에 따라 '양쪽' 바퀴의 속도를 조정할 수 있도록 [폰/태블릿] 블록 메뉴에서 📱 x축 가속도 ▼ 블록을 가져와 숫자 '30'에 끼워 넣습니다.

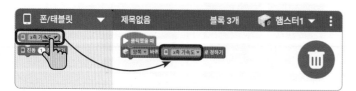

❸ 가속도 센서의 X축 값은 기울기의 정도에 따라 약 '−9'에서부터 '+9'까지 바뀝니다. 바퀴 속도를 높이기 위해 [연산] 블록 메뉴에서 9 × 2 블록을 가져오고 □ x축 가속도 ▼ 블록을 다음과 같이 끼워 넣습니다.

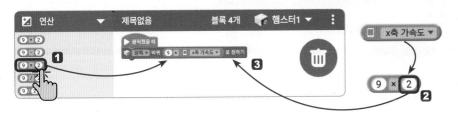

✔ 따라하기 2 햄스터 로봇의 방향을 바꾸어 봅시다.

❶ 스마트폰 가속도 센서의 Y축 값에 따라 방향 전환을 할 수 있도록 [흐름] 블록 메뉴에서 만약 참 이라면 블록을 가져 옵니다.

❷ [연산] 블록 메뉴에서 2 < 9 블록을 가져와 조건 블록의 '참' 이라고 표시된 부분에 끼워 넣습니다.

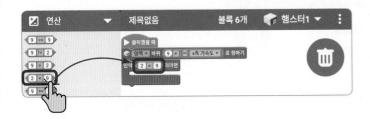

❸ 만약 스마트폰 가속도 센서의 Y축 값이 '2' 이상이면 방향을 전환할 수 있도록 [폰/태블릿] 블록 메뉴에서 ✿ x축 가속도 ▼ 블록을 가져와 2 < 9 블록의 '9' 라고 표시된 곳에 끼워 넣고, ✿ x축 가속도 ▼ 를 클릭하여 'Y축 가속도'로 바꿉니다.

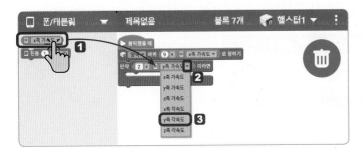

④ 이번에는 [햄스터] 블록 메뉴에서 `왼쪽 바퀴 30 으로 정하기` 블록을 가져와 조건 블록에 끼워 넣습니다.

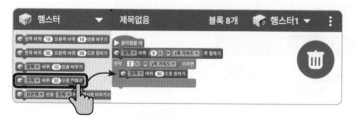

⑤ 조건을 만족하면 한 쪽 바퀴를 스마트폰 가속도 센서의 Y축 값에 따라 회전할 수 있도록 [폰/태블릿] 블록 메뉴에서 `x축 가속도` 블록을 가져와 '30'이라고 표시된 곳에 끼워 넣고, 'X축 가속도'를 'Y축 가속도'로 변경합니다.

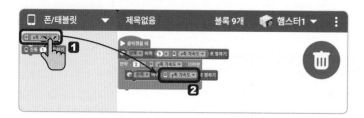

⑥ 가속도 센서의 Y축 값은 기울기의 정도에 따라 약 '−9'에서 '+9'까지 바뀝니다. 바퀴의 속도를 높이기 위해 [연산] 블록 메뉴에서 `9 × 2` 블록을 가져오고 'Y축 가속도' 블록을 `9 × 2` 블록의 숫자 '2' 값에 끼워 넣습니다.

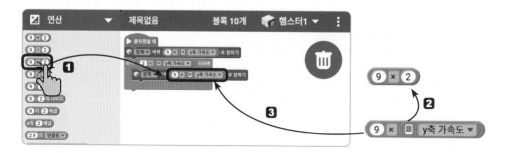

⑦ 같은 방법으로 스마트폰 가속도 센서의 Y축 값이 '−2' 이하이면 반대 방향으로 회전할 수 있도록 블록을 코딩합니다. 같은 형태의 블록을 코딩할 때에는 기존에 코딩된 블록을 재활용할 수 있습니다. 복사할 블록을 두 번 빠르게 터치하면 나오는 메뉴에서 '복사하여 붙여넣기'를 선택합니다.

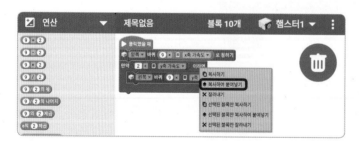

❽ 복사하여 붙여넣기 한 블록에서 필요한 부분만 바꿉니다.

❾ [흐름] 블록 메뉴에서 [계속 반복하기] 블록을 가져와 전체 명령어 블록을 끼워 넣어 프로그램이 계속 반복될 수 있도록 합니다.

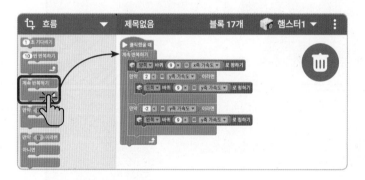

✔ 완성 코드 확인하기

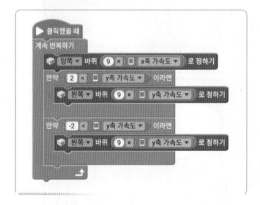

➕ 해보기

❶ 스마트폰으로 햄스터 로봇을 조종하여 친구들하고 달리기 또는 축구 시합을 해 보세요.

❷ 조종 기능을 이용하여 또 어떤 게임을 만들수 있는지 생각해 보세요.

원자력 발전소에 도착했습니다. 이제 무엇을 해야 할까요?

그런데 또 다른 문제가 생겼군요?
이번에는 로봇인 햄스터몽이 혼자 문제를 해결해야 합니다. 어떻게 해결해야 하는지 알아볼까요?

3▶ 음성 인식

지지 때문에 위험해진 원자력 발전소 안으로 사람이 들어가서 햄스터몽
을 직접 조종하는 것은 불가능해. 다른 건물에 있는 CCTV 화면을 보면서
햄스터몽에게 음성으로 명령을 내려 **조종**하는 것이 좋을 것 같아.

 **모험하기**

햄스터 로봇을 음성 명령으로 조종해 봅시다.

※ **부록 9**를 오려서 사용하세요.

방사능 레버

수행 조건

프로그래밍을 할 때 필수 사용 블록은
다음과 같습니다.

hello 말하기

음성 인식 결과

음성 인식하기

 생각하기

어떻게 하면 스마트폰으로 햄스터몽을 조종할 수 있을까? 스마트폰에도 기울기를 인식하는 가속도 센서가 있으니까, 스마트폰의 기울기 값에 따라 햄스터 로봇을 움직이면 될 것 같아.

✅ 따라하기 1 햄스터 로봇이 음성을 인식할 수 있도록 해 봅시다.

❶ 프로그램을 실행한 후 햄스터 로봇이 계속 명령을 듣고 동작을 수행할 수 있도록 [흐름] 블록 메뉴에서 `계속 반복하기` 블록을 가져 옵니다.

❷ 음성으로 명령하기 위해서는 먼저 음성을 인식할 수 있어야 하므로 [소리] 블록 종류에서 `음성 인식하기` 블록을 가져와 '계속 반복하기' 안에 끼워 넣습니다.

❸ 음성이 제대로 인식되었는지 확인하기 위해 [소리] 블록 메뉴에서 `안녕 말하기` 블록을 가져오고, '안녕' 부분에 `음성 인식 결과` 블록을 끼워 넣습니다.

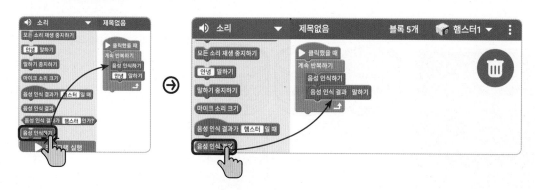

✅ 따라하기 2 음성 명령에 따라 햄스터 로봇이 움직이게 해 봅시다.

❶ 조건에 따라 특정 동작을 수행하기 위해 [흐름] 블록 메뉴에서 `만약 참 이라면` 블록을 가져와 다음과 같이 끼워 넣습니다.

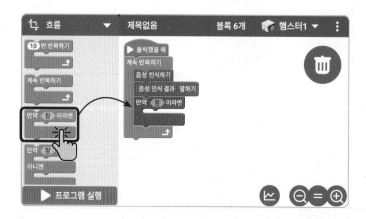

❷ 음성 인식 결과와 명령어를 비교하기 위해 [연산] 블록 메뉴에서 `9 == 9` 블록을 가져와 '조건' 블록의 '참' 부분에 끼워 넣습니다. ('==' 기호는 코딩에서 '같다'는 의미의 연산자입니다.)

❸ 이번에는 [소리] 블록 메뉴에서 `음성 인식 결과` 블록을 `9 == 9` 블록의 왼쪽 '9'에 끼워 넣고, 오른쪽 '9'에는 비교할 음성 내용 '불켜'를 입력합니다.

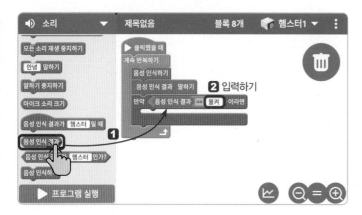

❹ 햄스터 로봇이 '불켜'라는 음성 명령을 인식했을 때 실행할 동작 `왼쪽 LED를 밝기로 정하기` 을 가져와 조건 블록 사이에 끼워 넣습니다. 그리고 '왼쪽'을 '양쪽'으로 바꿉니다.

❺ 같은 방법으로 필요한 명령어 블록들을 추가합니다. 이때 '복사하여 붙여넣기' 기능을 이용하면 쉽게 여러 개의 음성 명령들을 추가할 수 있습니다.

알고가기

✚ 같은 명령들을 반복하여 사용할 경우 '복사하여 붙여넣기' 기능으로 블록을 복사하고, 다른 부분만 수정하여 사용하면 편리합니다.

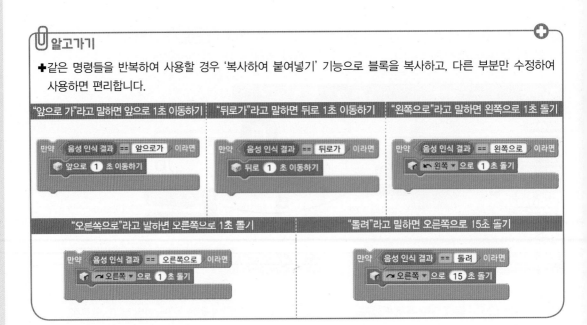

| "앞으로 가"라고 말하면 앞으로 1초 이동하기 | "뒤로가"라고 말하면 뒤로 1초 이동하기 | "왼쪽으로"라고 말하면 왼쪽으로 1초 돌기 |

| "오른쪽으로"라고 말하면 오른쪽으로 1초 돌기 | "돌려"라고 말하면 오른쪽으로 15초 돌기 |

✔ 완성 코드 확인하기

```
클릭했을 때
계속 반복하기
    음성 인식하기
    음성 인식 결과 말하기
    만약  음성 인식 결과 == 불켜  이라면
        양쪽 ▼ LED를 [밝게해] 으로 정하기
    만약  음성 인식 결과 == 앞으로 가  이라면
        앞으로 1 초 이동하기
    만약  음성 인식 결과 == 뒤로 가  이라면
        뒤로 1 초 이동하기
    만약  음성 인식 결과 == 왼쪽으로  이라면
        ↰왼쪽 ▼ 으로 1 초 돌기
    만약  음성 인식 결과 == 오른쪽으로  이라면
        ↱오른쪽 ▼ 으로 1 초 돌기
    만약  음성 인식 결과 == 돌려  이라면
        ↱오른쪽 ▼ 으로 15 초 돌기
```

➕ 해보기

1️⃣ 우리 주변에서 음성 인식 기술을 이용하여 만든 물건은 어떤 것이 있는지 찾아 보세요.

2️⃣ 음성 인식 기술을 이용하여 실생활에 필요한 어떤 물건을 만들 수 있는지 생각해 보세요.

핸스터몽이 원자력 발전소 안에서 발생한 문제를 잘 해결했을까요?

성공이야!
방사능 레버를 잠궜어.

잘했어. 그런데 큰일이야.
화면이 잘 안 보여.
CCTV가 망가졌나봐.

핸스터몽!
이제 자율 주행으로
스스로 거기서
빠져 나와야 해.

그런데 또 다른 문제가 발생했군요. 이번에는 핸스터몽이 자율 주행을 해야 한다고 합니다. 가능할까요?

4 ▸ 자율 주행

원자력 발전소 안을 자세히 볼 수 없으니 더 이상 음성 명령을 내릴 수 없어. 햄스터몽 스스로 원자력 발전소에서 빠져나올 수 있도록 **자율 주행 프로그램**을 만들어 보자.

 모험하기

햄스터몽이 자율 주행을 할 수 있도록 해 봅시다.

※ **부록 10**을 오려서 사용하세요.

※ 해골 모양의 상자가 있는 부분에 어떤 물건(지우개, 손바닥 등)을 올려놓으세요.

※ 해골 모양의 상자가 있는 부분에 어떤 물건(지우개, 손바닥 등)을 올려놓으세요.

※ 해골 모양의 상자가 있는 부분에 어떤 물건(지우개, 손바닥 등)을 올려놓으세요.

출구 →

수행 조건

프로그래밍을 할 때 명령어 블록은 11개만 사용합니다. 이때 필수 사용 블록은 다음과 같습니다.

🖐 손 찾음?

👆 왼쪽 근접 센서 ▾

↶ 왼쪽 ▾ 으로 1 초 돌기

 생각하기

햄스터몽이 자율 주행을 하려면 어떤 센서를 이용하면 될까? 로봇 좌우에 있는 근접 센서를 이용하면 될 것 같아. 근접 센서가 앞의 장애물을 인식하고, 그에 따른 동작을 할 수 있도록 코딩하면 되겠지!

알고가기

+근접 센서: 화면 오른쪽 아래에 있는 🖼️ 아이콘을 클릭하면 햄스터의 근접 센서값을 관찰할 수 있습니다.

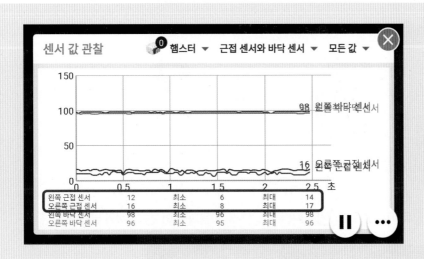

햄스터 로봇 전방에 손을 갖다 대고 왼쪽, 오른쪽 근접 센서의 변화되는 값을 관찰해 보세요. 전방 장애물의 근접 거리에 따라 센서값이 바뀌는 것을 확인할 수 있습니다. 양쪽에 있는 각각의 근접 센서는 장애물이 가까워질수록 센서값은 커지고, 장애물이 멀어질수록 센서값은 작아집니다.

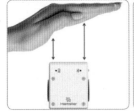

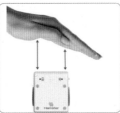

✔️ **따라하기 1** 햄스터 로봇이 앞으로 가도록 해 봅시다.

❶ 프로그램의 실행을 계속 반복하기 위해 [흐름] 블록 메뉴에서 [계속 반복하기] 블록을 가져 옵니다.

❷ 햄스터 로봇이 계속 앞으로 이동할 수 있도록 [햄스터] 블록 메뉴에서 [왼쪽 ▼ 바퀴 30 으로 정하기] 블록을 가져와 다음과 같이 끼워 넣습니다.

77

❸ 이번에는 앞으로 주행할 수 있도록 '왼쪽' 바퀴를 '양쪽' 바퀴로 바꿉니다.

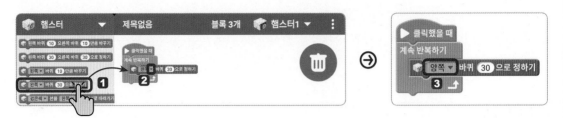

❹ 조건에 따라 움직이게 하기 위해 [흐름] 블록 메뉴에서 ⬛블록을 가져 옵니다.

❺ [연산] 블록 메뉴에서 ⟨2 < 9⟩ 블록을 가져와 다음과 같이 '참'에 끼워 넣습니다.

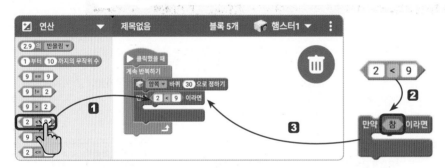

❻ 왼쪽 앞 장애물을 확인하기 위해 [햄스터] 블록 메뉴에서 🐹 왼쪽 근접 센서 ▾ 를 가져와 숫자 '9'에 끼워 넣고, 숫자 '2'에는 비교할 숫자(여기에서는 50)를 입력합니다. 비교할 숫자는 근접 센서값을 관찰하여 장애물의 위치로 판단할 적당한 값을 입력합니다.

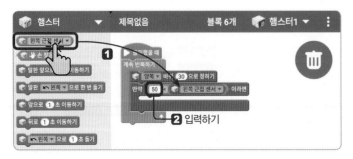

❼ '왼쪽 근접 센서' 값이 '50'보다 크다는 것은 왼쪽에 장애물이 있다는 의미이므로 오른쪽으로 방향 전환을 할 수 있도록 `🐹 ↰왼쪽▾으로 ①초 돌기` 블록을 가져와 조건 블록에 끼워 넣고 방향을 '오른쪽'으로 바꿉니다.

❽ 반대로 오른쪽에 장애물이 있을 경우에는 왼쪽으로 방향 전환을 할 수 있도록 같은 방식으로 블록을 만 듭니다. 그런 다음 원하는 방향 전환이 이루어질 수 있도록 '1초 돌기'에서 값을 조정합니다.

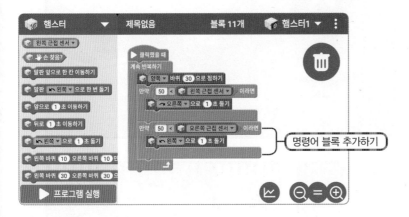

✔ 완성 코드 확인하기

```
▶ 클릭했을 때
계속 반복하기
  🐹 양쪽▾ 바퀴 30 으로 정하기
  만약 50 < 🐹 왼쪽 근접 센서▾ 이라면
    🐹 ↱오른쪽▾으로 ①초 돌기
  만약 50 < 🐹 오른쪽 근접 센서▾ 이라면
    🐹 ↰왼쪽▾으로 ①초 돌기
```

➕ 해보기

근접 센서를 이용하면 가정용 청소 로봇이나 자율 주행 자동차를 만들 수 있습니다. 이 기술을 이용하여 또 어떤 쓸모 있는 물건을 만들 수 있는지 생각해 보세요.

79

햄스터몽이 자율 주행으로 원자력 발전소를 잘 빠져 나왔는지 살펴볼까요?

와! 자율 주행을 성공했군요. 그런데 또 모험을 떠나나 봅니다. 함께 떠나 볼까요?

이번에는 미래로 모험을 떠나게 되었군요. 쥬라기 공원에서는 또 어떤 모험이 기다리고 있을까요?
함께 출발해 볼까요?

04

로봇 올림픽 참가하기
(확장 보드)

✅ 단원에서 무엇을 배우나요?

컴퓨터의 기능이나 자원을 확대하기 위해 그 컴퓨터에 추가되는 각종 칩이나 전자 부품이 탑재된 기판을 확장 보드(extension board)라고 합니다. 햄스터 로봇에 확장 보드를 추가하어 로봇 올림픽에 참여해 봅시다.

★준비물: 햄스터 로봇, 안드로이드폰, 햄스터 확장 보드(익스텐션 키트), 3D 프린터, 3D 프린팅 쉴드★

1▶ 입출력 장치　　　　　**2▶** 대시보드　　　　　**3▶** 인공 지능 로봇

1▸입출력 장치

로봇 대회의 첫 번째 경기 종목은 골프로 하자. 경기 방법은 로봇 팔로 볼을 쳐서 가장 적은 타수로 목표 위치까지 보내야 해.
경기 규칙은 **햄스터 로봇**의 **[확장 보드] 버튼**을 누르면 서보모터에 연결된 로봇 팔이 움직이면서 **공을 칠 수 있도록** 하자.

모험하기

햄스터 로봇에 확장 보드를 추가하여 팔을 만든 후 골프 대회에 참가하도록 해 봅시다.

※ **부록 11**을 오려서 사용하세요.

수행 조건

프로그래밍을 할 때 필수 사용 블록은 다음과 같습니다.

> 포트 A ▼ 를 아날로그 입력 ▼ 으로 정하기

> 출력 A ▼ 를 100 으로 정하기

 생각하기

햄스터 로봇에 팔을 부착하려면 확장 보드와 서보모터가 필요할 것 같아. 로봇 팔을 어떻게 조립하고 코딩해야 공을 멀리 보낼 수 있을까?

다음과 같은 순서에 의해 필요한 확장 보드를 찾아서 조립하고 코딩해 보자.

확장 보드 이해하기 ▶ 햄스터 로봇에 확장 보드 결합하기 ▶ 골프 로봇 조립하기 ▶ 입력 센서값 확인하기 ▶ 코딩하기

1 | 확장 보드 이해하기

확장 보드는 햄스터 로봇의 윗면에 장착하여 기본 햄스터 로봇만으로 할 수 없었던 서보모터 등의 추가 기능을 사용할 수 있게 합니다.

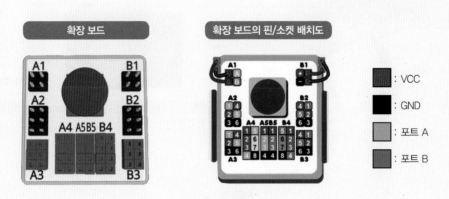

- A1의 A와 B, B1의 +와 ―는 브레드보드 등의 또 다른 확장을 위해 사용합니다.
- A2~A5와 B2~B5는 서로 좌우 대칭입니다.
- 같은 색상의 핀/소켓은 내부에서 서로 연결되어 있습니다.
- 각 핀/소켓에 적혀 있는 숫자는 앞으로의 활동에서 각각의 핀/소켓을 구분하기 위한 번호입니다.
- A2의 1번 핀은 A2-1, B3의 2번 소켓은 B3-2 등과 같이 표현할 것입니다.

● 핀의 용도

A2, A3, B2, B3	• 3핀 커넥터는 주로 서보모터 능 3핀으로 농삭하는 무품을 번설압니나. • A2와 B2는 헤더 핀 형태의 커넥터입니다. • A3과 B3은 헤더 소켓 형태의 커넥터입니다.
A4, B4	• A4-1~A4-4와 B4-1~B4-4는 포트의 출력이 LOW일 때 동작하는 부품을 연결합니다. • A4-5~A4-8과 B4-5~B4-8은 포트의 출력이 HIGH일 때 동작하는 부품을 연결합니다.
A5, B5	동작 시 Pull-Up 또는 Pull-Down이 필요한 부품, 예를 들어 커패시터(콘덴서), 온도 센서, CDS(광센서) 등을 연결합니다.

2 | 햄스터 로봇에 확장 보드 결합하기

1 결합 쉴드 연결하기

햄스터 로봇 위에 확장 보드를 고정하기 위해 결합 쉴드를 사용합니다. 결합 쉴드는 3D 프린터로 출력이 가능하고, 3D 모델 파일은 아래 링크에서 다운로드할 수 있습니다.

● STL 파일 다운로드 http://makersaem.com

결합 쉴드

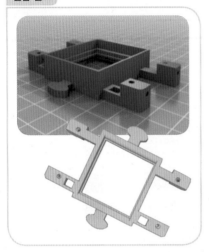

| 확장 보드

| 결합 쉴드

| 햄스터 로봇

결합 쉴드 위에 확장 보드를 끼우고 아래에 햄스터 로봇 연결하기

조립 완성

2 점퍼선 연결하기

✔ 따라하기

❶ 확장 키트에 들어 있는 연결선 2개를 준비합니다.

❷ 연결선의 검은색 플러그에 은빛색의 금속이 있는지 확인합니다.

❸ 연결선 하나를 A1이라고 표시된 곳의 왼쪽에 꽂도록 합니다.

연결선

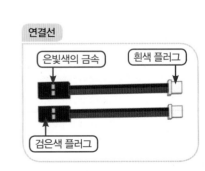

은빛색의 금속　흰색 플러그

검은색 플러그

❹ 연결선의 검은색 선은 햄스터 로봇의 앞쪽 방향이 되도록 꽂아야 합니다. 만약 반대로 꽂으면 문제가 발생하므로 주의합니다.

❺ 나머지 연결선 하나를 B1이라고 표시된 곳의 오른쪽에 꽂습니다. 연결선의 빨간색 선은 햄스터 로봇의 앞쪽 방향이 되도록 꽂아야 합니다. 만약 반대로 꽂으면 문제가 발생하므로 주의합니다.

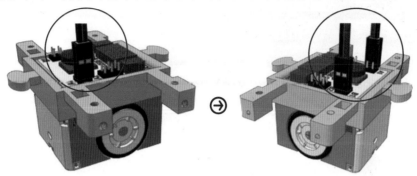

❻ 앞에서 확인한 플러그의 은빛색 금속이 햄스터 로봇의 바깥쪽 방향임을 확인합니다.

❼ 연결선의 흰색 플러그를 햄스터 로봇의 아래에 있는 포트에 꽂습니다. 이때 방향이 맞아야 꽂히므로 방향이 틀릴 걱정은 하지 않아도 됩니다.

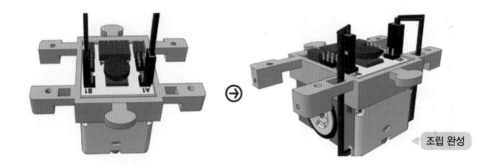

조립 완성

③ 골프 로봇 조립하기(입출력 장치)

✅ 따라하기

❶ 시부모디의 결합할 수 있는 햄스터 로봇의 골프채를 3D 프린터로 출력합니다. 해당 3D 모델 파일은 아래 주소에서 다운로드할 수 있습니다.

◐ STL 파일 다운로드 http://makersaem.com

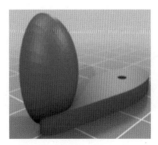

| 골프 채

| 3D 모델링

❷ 서보모터를 다음과 같이 확장 쉴드에 결합한 후 볼트로 고정시킵니다.

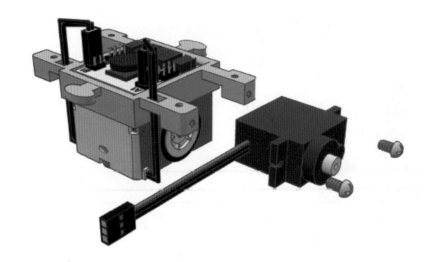

❸ 서보모터와 확장 보드를 연결합니다. 서보모터 연결선의 주황색 선(데이터)은 A2-1, 빨간색 선(VCC)은 A2-2, 갈색 선(GND)은 A2-3에 위치하도록 방향을 맞추어 확장 보드에 꽂습니다. 이때 서보모터 연결선의 갈색 부분이 햄스터 로봇의 뒤쪽 방향에 위치할 수 있도록 연결합니다.

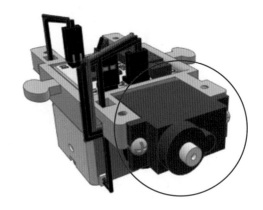

❹ 서보모터에 로봇 팔을 결합합니다. 이때 움직이려는 팔의 가동 범위를 확인하여 조정하고, 서보모터와 커넥터를 연결합니다.

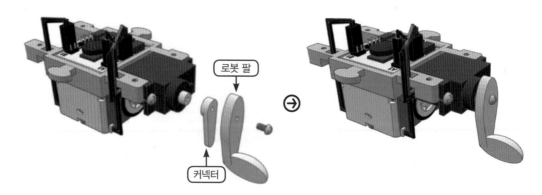

로봇 팔

커넥터

3 | 입력 센서값 확인하기

✓ 따라하기

❶ 로보이드 앱에서 스택 프로그램을 실행한 후 화면 오른쪽 아래에 있는 📈 아이콘을 클릭하면 햄스터의 센서값을 관찰할 수 있습니다.

❷ 햄스터 입력 센서값을 관찰하기 위해 상단의 [입력 A/B] 센서를 선택합니다. 확장 보드의 빨간색 버튼을 누르고 '입력 B'라고 표시된 센서값을 관찰해 보세요.

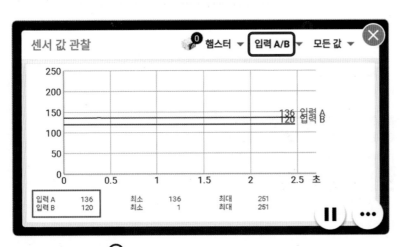

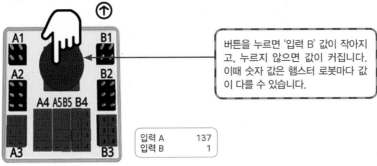

버튼을 누르면 '입력 B' 값이 작아지고, 누르지 않으면 값이 커집니다. 이때 숫자 값은 햄스터 로봇마다 값이 다를 수 있습니다.

입력 A	137
입력 B	1

4 | 코딩하기

✓ 따라하기

❶ 먼저 확장 보드를 사용하기 위해 [햄스터] 블록 메뉴에서 🐹 포트 A ▾ 를 아날로그 입력 ▾ 으로 정하기 블록을 가져옵니다.

❷ 서보모터가 연결된 확장 보드의 포트 A를 '아날로그 입력'에서 '서보 출력'으로 변경합니다.

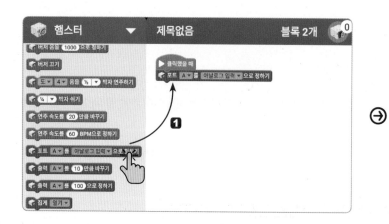

❸ '버튼 B'를 사용하기 위해 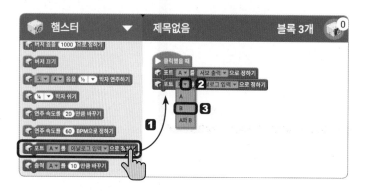 블록을 하나 더 가져오고, '포트 A'를 '포트 B'로 변경합니다.

❹ 이번에는 버튼과 연결되어 있는 '포트 B'를 '디지털 입력'으로 바꿉니다.

▶**디지털 입력**
'1'과 '0'로 표시되는 것으로 버튼과 같이 '눌렀을 때(1)'와 '누르지 않았을 때(0)'처럼 입력값이 두 가지 밖에 없을 때 선택합니다.

▶**아날로그 입력**
빛 센서의 밝기 값처럼 받아들이는 값이 다양할 때 선택합니다.

❺ [흐름] 블록 메뉴에서 블록을 가져와 연결합니다.

❻ 만약 버튼을 누르면 로봇 팔이 위로 움직이고, 아니면 아래로 움직이도록 하기 위해  블록을 가져와서 다음과 같이 끼워 넣습니다.

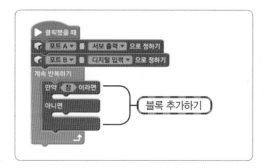

❼ 센서값을 비교하기 위해 [연산] 블록 메뉴에서 ⟨ 9 == 9 ⟩ 블록을 조건 블록의 '참' 이라고 표시된 부분에 끼워 넣습니다.

❽ [햄스터] 블록 메뉴에서 🐹 왼쪽 근접 센서 ▼ 블록을 가져와 비교 블록의 왼쪽에 있는 숫자 '9'에 끼워 넣고, '왼쪽 근접 센서'를 '입력 B'로 변경합니다.

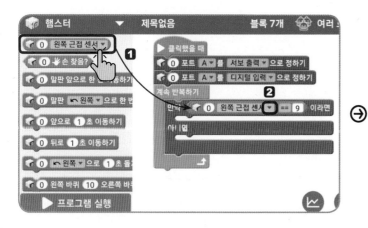
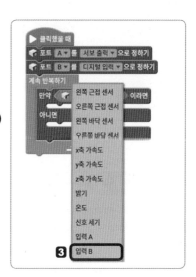

93

❾ 이번에는 비교 블록의 오른쪽 숫자 '9'를 선택한 후 숫자 '1'을 입력합니다. '입력 B' 값이 1이면 버튼을 눌렀을 때입니다. 이때 여러 방향으로 이동하면서 로봇 팔을 움직이기 위해 [햄스터] 블록 메뉴에서 <kbd>출력 A ▼ 를 100 으로 정하기</kbd> 블록을 가져와 조건 블록에 끼워 넣고, 블록에서 서보모터의 움직이는 각도를 의미하는 '100'을 클릭한 후 원하는 숫자(여기서는 170)를 입력합니다.

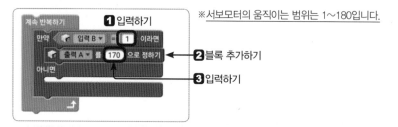

※서보모터의 움직이는 범위는 1~180입니다.

❿ 조건 블록의 '아니면' 다음에 <kbd>출력 A ▼ 를 100 으로 정하기</kbd> 블록을 끼워 넣고 값을 수정합니다. 이것은 만약 '포트 B' 값이 1이 아니라면 버튼을 누르지 않았을 때입니다. 이때 '출력 A'의 서보모터가 움직일 각도를 입력합니다.

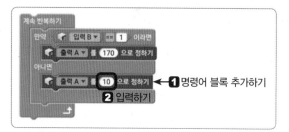

※서보모터가 실제로 움직인 각도는 서보모터마다 다를 수 있으므로 로봇 팔의 동작이 제대로 이루어지지 않는다면, 센서값의 관찰을 통해 적절한 값을 찾아 입력합니다.

✔ 완성 코드 확인하기

```
▶ 클릭했을 때
  포트 A ▼ 를 서보 출력 ▼ 으로 정하기
  포트 B ▼ 를 디지털 입력 ▼ 으로 정하기
계속 반복하기
  만약  입력 B ▼  == 1  이라면
    출력 A ▼ 를 170 으로 정하기
  아니면
    출력 A ▼ 를 10 으로 정하기
```

➕ 해보기

실제 골프 경기에서는 상황에 따라 팔을 휘두르는 각도가 달라집니다. 로봇 골프 대회에서도 상황에 따라 서보모터의 각도를 계속 변경하며 로봇 골프 경기를 진행해 보세요.

◐ 참고 경기 동영상 http://makersaem.com

2▶ 대시보드

로봇 대회의 두 번째 경기 종목은 권투로 하자. 경기 방법은 두 개의 로봇 팔을 이용하여 상대방을 경기장 밖으로 밀어 내야 해. 경기 규칙은 **스마트 폰으로 조종하여 햄스터 로봇의 바퀴와 손이 움직일 수 있도록** 하자.

 모험하기

햄스터 로봇에 부착한 로봇 팔을 이용하여 권투 시합을 해 봅시다.

※ **부록 12**를 오려서 사용하세요.

수행 조건

프로그래밍을 할 때 필수 사용 블록은 다음과 같습니다.

🍭 포트 A ▾ 를 아날로그 입력 ▾ 으로 정하기

🍭 포트 A와 B ▾ 을 서보 출력 ▾ 으로 정하기

생각하기

햄스터 로봇이 권투 시합을 하려면 로봇 팔을 여러 방향으로 이동하면서 움직여야 하므로 필요한 기능들을 버튼으로 만들어 조종하면 될 것 같아.
먼저 결합 쉴드를 이용하여 확장 보드를 조립하고 코딩해 보자.

1 | 조립하기

따라하기

❶ 결합 쉴드를 이용하여 햄스디 로봇에 확장 보드를 결합하고 서보모터 2개를 준비합니다.

> ➡ 확장 보드 결합 쉴드 STL 파일 다운로드 http://makersaem.com

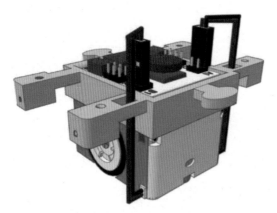

| 결합 쉴드를 이용하여 확장 보드에 결합하기

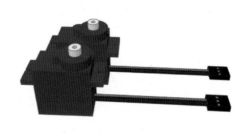

| 서보모터 2개 준비

❷ 확장 보드 결합 쉴드에 서보모터 2개를 그림과 같이 결합합니다.

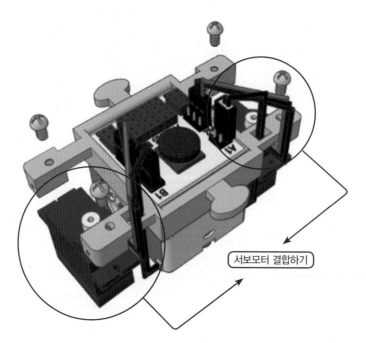

서보모터 결합하기

📎 **알고가기**

➕ **서보모터와 확장 보드 연결하기:** 서보모터 연결선의 주황색 선(데이터)은 A2-1과 B2-1, 빨간색 선(VCC)은 A2-2와 B2-2, 갈색 선(GND)은 A2-3과 B2-3에 위치하도록 방향을 맞추어 확장 보드에 꽂습니다. 이때 서보모터 연결선의 갈색 부분이 햄스터 로봇의 뒤쪽 방향에 위치할 수 있도록 연결합니다.

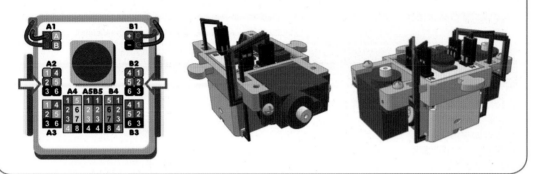

❸ 3D 프린터로 출력한 로봇 팔과 글러브를 준비합니다. 해당 3D 모델 파일은 아래 주소에서 다운로드할 수 있습니다.

➔ STL 파일 다운로드 http://makersaem.com

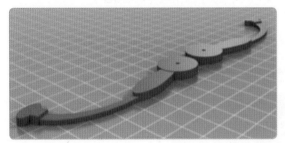

| 3D 프린터로 출력한 로봇 팔

| 글러브

❹ 서보모터에 로봇 팔을 조립할 때 움직이려는 팔의 가동 범위를 확인하고 연결합니다.

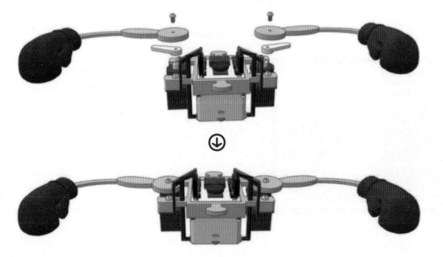

2 | 코딩하기

✔ 따라하기

❶ 버튼으로 햄스터를 조종할 조종기를 만들기 위해서는 대시보드를 사용합니다. [대시보드] 블록 메뉴에서 🔹 버튼 화면 보이기 ▼ 블록을 가져 옵니다.

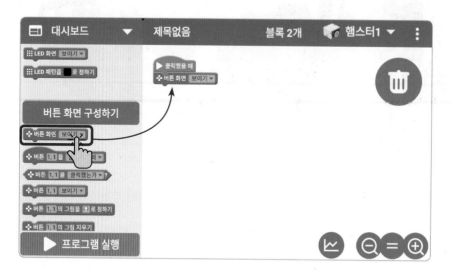

❷ 버튼 화면 구성하기 를 누르면 버튼을 설정할 수 있는 화면이 나타납니다.

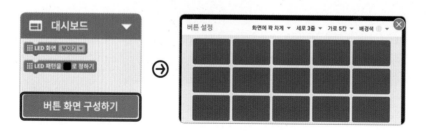

❸ 메뉴에서 화면에 보이는 버튼 수와 위치를 설정합니다.

위치 지정

가로와 세로 칸 수를
각각 3으로 지정하기

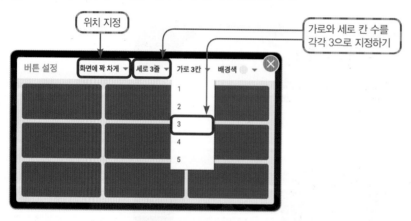

❹ 버튼을 누르면 버튼에 원하는 글자나 그림을 넣을 수 있습니다.

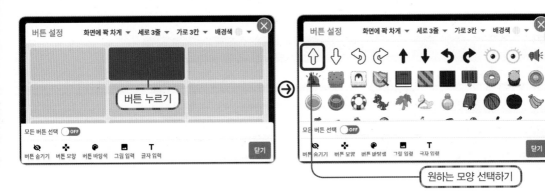

원하는 모양 선택하기

❺ 필요한 버튼에 그림들을 각각 입력하여 원하는 조종기 화면을 구성합니다.

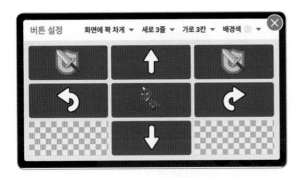

❻ [대시보드] 블록 메뉴에서 ✤버튼 1,1을 클릭했을 때▾ 블록을 가져 옵니다.

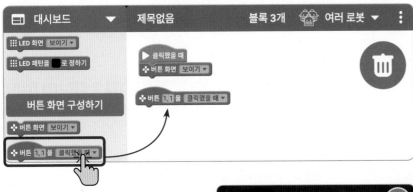

❼ 위 블록에서 '1,1'을 터치하면 명령을 입력할 버튼을 선택할 수 있는 화면이 나타납니다. 여기서 ↑ 모양의 버튼이 위치한 '1,2' 버튼을 선택합니다.

버튼 선택

❽ ⬆ 버튼을 클릭하면 앞으로 가기 위해 [햄스터] 블록 메뉴에서 🐹 ⓪ 앞으로 ❶ 초 이동하기 블록을 가져 옵니다.

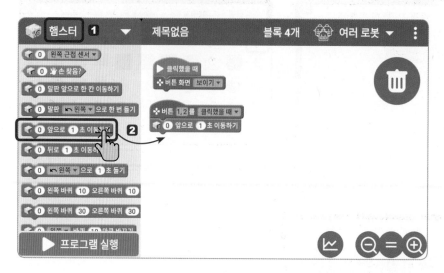

❾ 위와 같은 방법으로 다른 화살표 버튼도 클릭하면 해당 방향으로 이동할 수 있게 다음과 같이 명령어 블록을 구성합니다.

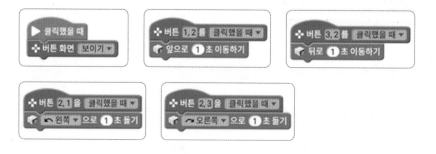

❿ 확장 보드를 이용하기 위해 [햄스터] 블록 메뉴에서 🐹 포트 A ▼ 를 아날로그 입력 ▼ 으로 정하기 블록을 가져 옵니다. A, B 포트 두 개를 동시에 사용하기 위해 'A'라고 표시된 부분을 'A와 B'로 바꾸고 '아날로그 입력'을 '서보 출력'으로 변경합니다.

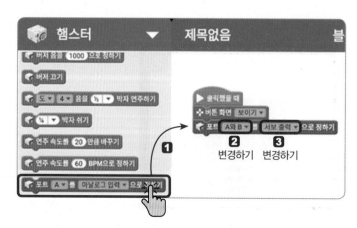

⓫ [대시보드] 블록 메뉴에서 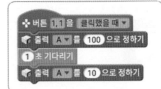 블록을 가져 옵니다. '🔲'은 🔳 모양의 버튼이 위치한 버튼으로 이 버튼을 누르면 왼쪽 팔이 연결되어 있는 서보모터가 움직일 수 있도록 블록을 구성합니다.

⓬ 위와 같은 방법으로 반대 방향의 '🔲' 버튼을 누르면 오른쪽 서 보모터도 움직일 수 있도록 블록을 구성합니다.

✓ 완성 코드 확인하기

```
▶ 클릭했을 때
✦ 버튼 화면 보이기 ▼
🔧 포트 A와 B ▼ 를 서보 출력 ▼ 으로 정하기


✦ 버튼 1,2 를 클릭했을 때 ▼          ✦ 버튼 1,1 을 클릭했을 때 ▼
🔧 앞으로 1 초 이동하기             🔧 출력 A ▼ 를 100 으로 정하기
                                  1 초 기다리기
✦ 버튼 3,2 를 클릭했을 때 ▼          🔧 출력 A ▼ 를 10 으로 정하기
🔧 뒤로 1 초 이동하기


✦ 버튼 2,1 을 클릭했을 때 ▼          ✦ 버튼 1,3 을 클릭했을 때 ▼
🔧 ↰ 왼쪽 ▼ 으로 1 초 돌기          🔧 출력 B ▼ 를 100 으로 정하기
                                  1 초 기다리기
✦ 버튼 2,3 을 클릭했을 때 ▼          🔧 출력 B ▼ 를 10 으로 정하기
🔧 ↱ 오른쪽 ▼ 으로 1 초 돌기
```

➕ 해보기

여러분도 특수 버튼을 만들어 나만의 필살 권투 기능이 발휘될 수 있도록 코딩해 보세요.

3 ▶인공 지능 로봇

로봇 대회의 세 번째 경기 종목은 태권도야!
경기 방법은 팔각형의 경기장에서 상대 로봇을 쓰러뜨리거나 경기장 밖으로 밀어내야 해! 경기 규칙은 사람이 로봇을 조종하지 않고 **로봇 스스로 움직이면서 경기**를 할 수 있노록 하사.

 **모험하기**

햄스터 로봇에 다리를 장착한 후 태권도 경기에 참가하도록 해 봅시다.

※ **부록 13**을 오려서 사용하세요.

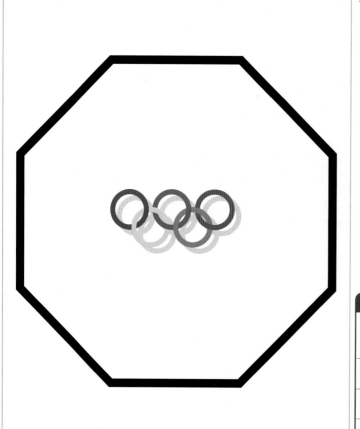

수행 조건

프로그래밍을 할 때 필수 사용 블록은 다음과 같습니다.

🐹 포트 A ▼ 를 아날로그 입력 ▼ 으로 정하기

🐹 출력 A ▼ 를 100 으로 정하기

🐹 왼쪽 근접 센서 ▼

🐹 왼쪽 바닥 센서 ▼

햄스터 로봇을 스스로 움직이게 하려면 센서를 이용해야 해. 전방에 상대 로봇이 접근하면 공격할 수 있도록 '전방 근접 센서'를 이용하고, 경기장 밖으로 나가지 않도록 바닥을 감지하는 '바닥 센서'를 이용하면 될 것 같아.

1 | 조립하기

✔ 따라하기

❶ 결합 쉴드를 이용하여 햄스터 로봇에 확장 보드를 결합하고, 서보모터 2개를 준비합니다.

　◐ 확장 보드 결합 쉴드 STL 파일 다운로드　http://makersaem.com

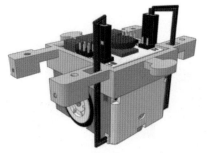

| 결합 쉴드를 이용하여 확장 보드에 결합하기

| 서보모터 2개 준비

❷ 확장 보드 쉴드에 서보모터 2개를 그림과 같이 결합합니다.

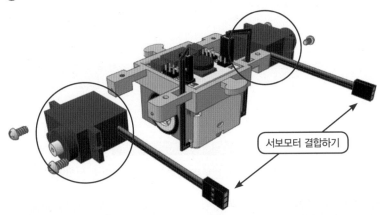

서보모터 결합하기

📎알고가기

✚서보모터와 확장 보드를 연결하기. 서보모터 연결선의 주황색 선(데이터)은 A2-1과 B2-1, 빨간색 선(VCC)은 A2-2와 B2-2, 갈색 선(GND)은 A2-3과 B2-3에 위치하도록 방향을 맞추어 확장 보드에 꽂습니다. 이때 서보모터 연결선의 갈색 부분이 햄스터 로봇의 뒤쪽 방향에 위치할 수 있도록 연결합니다.

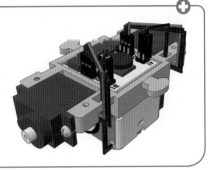

❸ 3D 프린터로 출력한 로봇 다리를 준비합니다. 해당 3D
모델 파일은 아래 주소에서 다운로드할 수 있습니다.

　➲ STL 파일 다운로드 http://makersaem.com

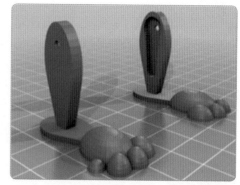

| 3D 프린터로 출력한 로봇 다리

❹ 시보모터에 로봇 다리를 조립할 때 움직이려는 다리의 가동 범위를 확인하고 연결합니다.

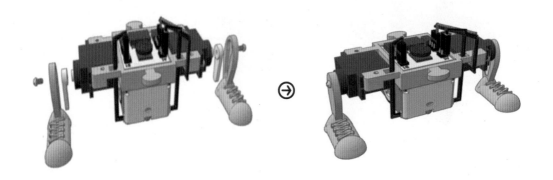

2 | 코딩하기

✓ 따라하기

❶ 확장 보드를 이용하기 위해 [햄스터] 블록 메뉴에서 〔 포트 A▼ 를 아날로그 입력▼ 으로 정하기 〕 블록을 가져 옵니다.

❷ '아날로그 입력'을 '서보 출력'으로 변경하여 확장 보드에 연결한 '포트 A'를 '서보 출력'으로 설정합니다.

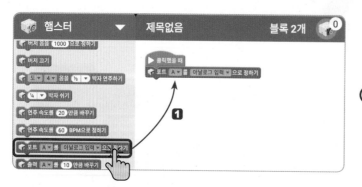

❸ 로봇이 계속하여 코드를 수행할 수 있도록 블록을 가져와 연결합니다.

❹ 만약 왼쪽에서 상대방이 접근했을 경우, 왼쪽 발차기를 할 수 있도록 '왼쪽 근접 센서'의 값이 '50' 이상이면 왼발이 붙어 있는 '포트 A'의 서보모터를 움직일 수 있도록 블록을 구성합니다. 이때 근접 센서의 값은 물체가 가까워질수록 숫자가 커지므로, 센서값 관찰을 통해 적당한 값을 찾아 입력합니다.

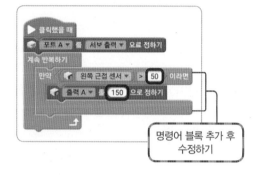

명령어 블록 추가 후 수정하기

❺ 로봇 다리를 휘두르는 각도를 정하여 서보모터가 앞뒤로 일정한 시간 간격을 두고 반복하여 움직일 수 있도록 명령어 블록을 추가합니다.

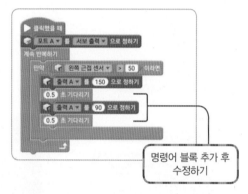

명령어 블록 추가 후 수정하기

❻ 같은 방법으로 오른쪽 근접 센서가 물체를 감지했을 때 '포트 B'의 오른쪽 다리가 움직일 수 있도록 블록을 구성합니다. 왼쪽 다리 동작에서 사용한 전체 블록을 복사/붙여넣기 한 후 필요한 부분만 바꿉니다.

※코딩할 내용이 많아 길이가 길어지면 내용 보기 및 관리가 불편하므로 각 기능별로 나누어 코딩하는 방법을 선택하는 것이 내용을 구분하고 프로그램의 흐름을 파악하는 데 수월합니다.

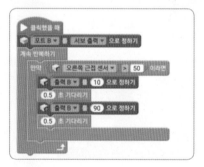

❼ 햄스터 로봇이 계속하여 앞으로 이동할 수 있도록 양쪽 바퀴의 이동 속도를 정한 후 계속 반복하기 블록 안에 끼워 넣습니다.

❽ 로봇이 이동 중 검은색 선으로 표시된 경기장 밖으로 나가는 것을 막기 위해 만약 왼쪽 바닥 센서의 값이 '20' 이하이면 뒤로 움직이고, 오른쪽으로 방향을 전환할 수 있도록 합니다.

※바닥 센서의 값은 바닥이 어두울수록 센서값이 작아지며 검은색은 '0'의 값으로 인식합니다. 센서값 관찰을 통해 적당한 값을 찾아 입력하도록 합니다.

❾ 같은 방법으로 오른쪽 바닥 센서가 검은 선을 감지했을 때는 왼쪽으로 방향 전환을 할 수 있도록 명령어 블록을 구성합니다.

✔ 완성 코드 확인하기

➕ 해보기

1 일상생활에 인공 지능 자동화 기술을 이용하여 만든 물건은 어떤 것이 있는지 찾아보세요.

2 일상생활에서 불편한 문제점을 찾아 사람이 직접 명령을 하지 않아도 자동으로 다양한 센서로 감지하여 문제를 해결해 주는 장치를 만든다면 어떤 것이 있을지 생각해 보세요.

🔗 태권도 경기 동영상 http://makersaem.com

05

3D 메이킹
(3D 모델링/3D 프린팅)

✅ 단원에서 무엇을 배우나요?

내가 만들고 싶은 물건을 3D 모델링 프로그램으로 직접 디자인하고, 3D 프린터로 실제
출력까지 하는 방법을 알아봅시다.

★준비물: 3D 프린터★

1▶3D 프린팅의 이해　　**2**▶팅커캐드로 3D 모델링하기　　**3**▶큐라(Cura)로 슬라이싱하기

1 ▶ 3D 프린팅의 이해

3D 프린터를 이용하여 내가 원하는 사물을 만들어 보자.
그러기 위해서는 먼저 인쇄할 사물을 모델링 할 수 있는 **프로그램의 사용법**부터 배워야 할 것 같아.
한번 알아보자.

우리가 소프트웨어를 학습하는 것을 통해 체계적인 방법으로 문제를 해결하는 사고방식을 기를 수 있다면, 메이킹은 생각한 것을 실제로 만들어 내는 과정을 통해 도전 정신과 성취감을 높일 수 있습니다. 최근에는 3D 프린터가 많이 보급되면서 원하는 물건을 쉽게 만들 수 있게 되었습니다. 상상을 현실로 만드는 메이킹 활동에 쓰이는 훌륭한 도구인 3D 프린터에 대해 자세히 알아봅시다.

1 | 3D 프린터 이해하기

얼마 전까지만 해도 어떤 물건을 만들기 위해서는 반드시 공장이나 특수한 기계를 이용해야 했지만, 최근에는 다양한 종류의 3D 프린터가 많이 보급되면서 현실로 구현하기가 훨씬 수월해졌습니다.

현재 일반적으로 사용되는 2D 프린터는 문자나 그림을 2차원 평면에 잉크로 인쇄하지만, 3D 프린터는 3D 도면의 데이터를 바탕으로 3차원 공간에 플라스틱이나 금속 등의 재료를 층층이 쌓아올리는 방식으로 물체를 완성합니다.

| 2D 프린팅

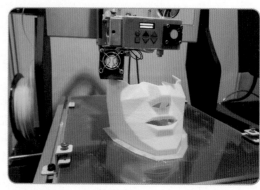

| 3D 프린팅

알고가기

╋2D 프린터와 3D 프린터의 차이

프린터 종류	인쇄물	운동(축)	출력 위치	출력 재료	출력 장치
2D 프린터	평면 글/그림	좌우(X축), 앞뒤(Y축) 운동	종이	잉크, 토너	롤러
3D 프린터	입체로 된 물체	좌우(X축), 앞뒤(Y축), 상하(Z축)	베드	필라멘트	노즐

※필라멘트는 3D 프린터로 모델링한 형체를 출력할 수 있게 하는 것으로 플라스틱, 나일론, 금속, 나무 등 다양한 재료를 사용합니다.

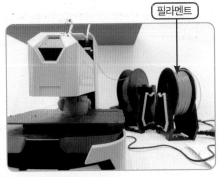

필라멘트

3D 프린터의 출력 방식은 FDM, SLS, SLA, DLP, Polyjet 등 다양합니다. 특히 FDM 방식은 필라멘트에 열을 가해 녹인 후 노즐을 거쳐 압출되는 재료를 한층씩 쌓아 올리는 것으로, 구조가 간단하여 저가형 3D 프린터뿐 아니라 대형 3D 프린터에서 많이 사용하고 있습니다.

| 필라멘트 재료로 프린팅

날이 갈수록 3D 프린팅 기술이 발전하면서 자동차, 우주 항공, 교육, 주택 건설, 의료용품 제작 등 활용 폭도 넓어지고 있습니다. 이를테면 자동차 부품의 시제품을 3D 프린터로 제작함으로써 비용과 시간을 줄이고, 주택 건설 분야에서는 소형 주택뿐 아니라 가구 등을 짧은 시간에 제작하여 집을 짓기도 합니다.

2 | 3D 프린팅 단계 이해하기

3D 프린팅은 단순해 보이지만 원하는 결과물을 얻기 위해서는 프린팅의 각 단계마다 신경을 써야 할 부분이 많습니다. 3D 프린터로 원하는 사물을 인쇄하는 과정을 살펴보면 다음과 같은 단계를 거칩니다.

3D 모델링 설계 후 STL 파일로 저장
⇩
G 코드 파일로 변환 (슬라이싱)
⇩
3D 프린팅
⇩
출력물 후가공

| 인쇄 단계

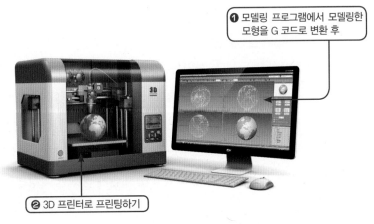

❶ 모델링 프로그램에서 모델링한 모형을 G 코드로 변환 후

❷ 3D 프린터로 프린팅하기

[1단계] 3D 모델링 설계 후 STL 파일로 저장

3D 프린터로 사물을 인쇄하기 위해서는 먼저 3D 모델링 프로그램으로 인쇄할 도형을 설계하고 저장해야 합니다. 이때 대표적인 3D 모델링 파일의 확장자는 '.STL'입니다. 그리고 3D 모델링 작업을 할 수 있는 프로그램으로는 팅커캐드, 3D MAX, 라이노, 지브러시 등과 같이 다양하며, 다른 사람이 설계한 3D 모델링 파일을 무료로 다운로드하여 사용할 수 있는 공유 사이트도 알아두면 좋습니다.

• 무료 3D 모델링 파일 공유 사이트

| 싱기버스(http://www.thingiverse.com) 메이커봇이라는 3D 보급형 프린터 업체에서 운영하는 3D 모델링 공유 사이트

| 예기(https://www.yeggi.com) 3D 프린터로 출력할 수 있는 인기 있는 아이템들이 많은 공유 사이트

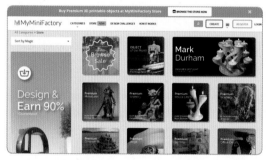

| 마이미니마이팩토리(https://www.myminifactory.com) 3D 프린터로 제작한 액세서리를 판매하는 곳으로 제한적이지만, 양질의 3D 모델링 파일을 다운로드할 수 있음.

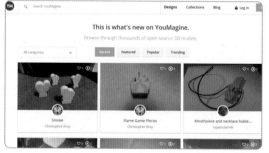

| 유매진(https://www.youmagine.com) 싱기버스 다음으로 다양한 모델링 파일이 많은 곳으로 로그인 없이 STL 파일을 다운로드할 수 있음.

[2단계] G 코드 파일로 변환(슬라이싱)

모델링 과정에서 만든 STL 파일은 3D 프린터가 한층씩 쌓아 올려서 물체를 만들 수 있도록 한층씩 잘라주는 작업이 필요한데, 이를 슬라이싱(slicing, 절편화)이라고 합니다. 그리고 슬라이싱 과정에서 생성되는 것이 G 코드인데, 이 코드로 프린팅을 할 수 있습니다. 대표적인 슬라이싱 프로그램으로는 'CURA(큐라)'가 있으며, 3D 프린터마다 전용 슬라이싱 프로그램을 제공하기도 합니다.

슬라이싱은 3D 프린팅을 할 때 모델링 못지 않게 중요한 과정으로, 이 단계에서는 공중에 떠 있거나 기울어진 3D 모델을 적층 방식의 3D 프린터가 제대로 출력할 수 있도록 지지대, 두께, 채움 정도 등의 정보를 설정합니다.

3단계 3D 프린팅

3D 프린터로 인쇄하는 사물의 색과 재질은 필라멘트라는 재료에 의해 결정됩니다. 필라멘트는 옥수수 전분에서 추출한 친환경 생분해 수지인 PLA(Poly-Lactic Acid, 폴리유산) 또는 플라스틱 소재의 ABS(아크릴로니트릴Ⓐ, 부타디엔Ⓑ, 스티렌Ⓢ과 같이 세 가지 성분으로 된 재료를 의미)가 주로 사용됩니다. 이 재료는 프린팅하기 전, 원하는 색의 필라멘트를 프린터에 넣어 주고, 물체가 베드에 잘 붙도록 마스킹 테이프를 베드에 붙여 주거나 주변 온도를 알맞게 유지해 주어야 합니다.

4단계 출력물 후가공

프린팅이 완료된 출력물은 그대로 사용할 수도 있지만, 보다 나은 결과물을 얻기 위해서는 사물의 표면을 사포로 매끄럽게 하는 등의 표면 가공과 도색 등의 후가공 작업이 필요합니다. 아울러 아크릴 물감이나 에나멜 등으로 도색을 하고, 바니쉬 등을 발라 주는 작업도 포함하면 출력물의 가치를 더 높일 수 있습니다.

지금부터 팅커캐드 프로그램을 이용한 3D 모델링 방법에 대해 집중적으로 알아보려고 합니다. 팅커캐드는 어린이부터 성인에 이르기까지 비전문가들도 쉽게 따라할 수 있는 3D 모델링 프로그램으로, 사용법도 간단하고 코딩을 통해 도형을 만드는 기능도 있습니다. 이제 팅커캐드로 3D 모델링을 시작해 볼까요?

2 ▶ 팅커캐드로 3D 모델링하기

제대로 알아야 원하는 것을 만들 수 있으니까
본격적으로 **모델링을 위한 프로그램**에 대해 공부해 보자.

1 | 팅커캐드 시작하기

팅커캐드(Tinkercad)는 PC에 설치할 필요 없이 인터넷 웹 브라우저에서 바로 이용할 수 있는 프로그램으로, 무료로 이용할 수 있고 사용이 간편하여 초보자도 쉽게 배울 수 있는 3D 모델링 도구입니다. 작업의 편의상 인터넷 익스플로러보다는 크롬 웹 브라우저에서 '팅커캐드'를 검색하여 작업하도록 합니다.

1 회원 가입하기

팅커캐드에서 3D 모델링 작업을 하고, 관리를 위해 회원 가입을 해 봅시다.

✔ **따라하기**

❶ (크롬 웹 브라우저)를 실행한 후 검색어를 '팅커캐드'로 입력하면, 다음과 같이 팅커캐드 사이트 주소가 나옵니다. 해당 주소를 클릭합니다.

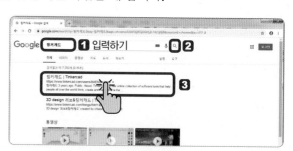

❷ 팅커캐드 홈페이지에 접속하면 내용이 영어로 나옵니다.

➲ 팅커캐드 홈페이지 https://www.tinkercad.com

❸ 홈페이지의 내용을 한글로 사용하고 싶다면, 화면 하단의 오른쪽 '언어 설정' 메뉴에서 'English'를 '한국어'로 변경합니다.

❹ 팅커캐드를 제대로 사용하기 위해서는 우선 계정을 만들어야 합니다. 화면 상단 오른쪽에 있는 '등록' 버튼을 누르고, 간단한 정보를 입력하여 계정을 등록합니다. 이때 '일반인 계정'과 '만 13세 미만의 학생 계정' 중 하나를 선택하여 가입합니다.

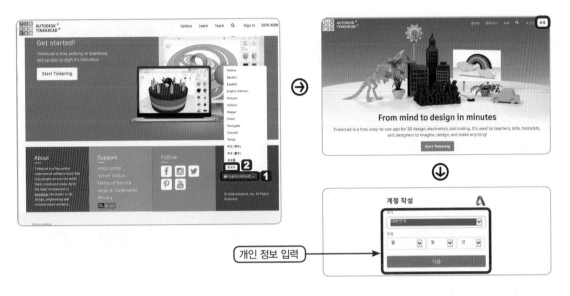

개인 정보 입력

❺ 계정을 등록하면 축하 메시지가 뜨면서 모델링 연습 화면이 나옵니다.

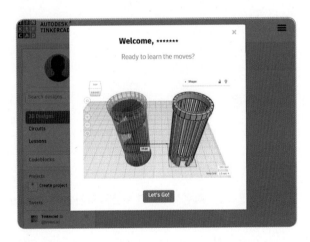

❻ 실제 모델링을 하려면 화면 상단 왼쪽의 ▦(팅커캐드 로고)를 누르거나 다시 로그인을 하면 대시보드 화면이 나옵니다. 대시보드에서는 사용자의 이름과 사진을 변경할 수 있고, 사용자가 만들었던 모델링 작품을 모두 볼 수 있습니다.

대시보드 화면

117

2 팅커캐드 작업 화면 이해하기

모델링 작업을 시작하려면 대시보드의 새 디자인 작성 버튼을 클릭합니다. 먼저 모델링 작업 화면에 대해 알아볼까요?

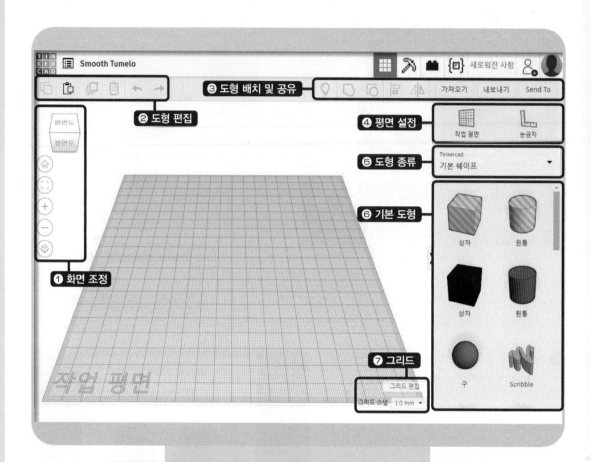

❶ **화면 조정**: 마우스로 작업 화면의 크기를 확대/축소하거나 다양한 각도에서 화면의 시점을 바꿀 수 있습니다.

❷ **도형 편집**: 도형을 복사, 붙여넣기, 복제, 삭제 등을 할 수 있습니다.

❸ **도형 배치 및 공유**: 도형 숨기기, 그룹 만들기, 그룹 해제, 정렬, 반전 등을 할 수 있고 외부에서 도형을 가져오기/내보내기/공유 등을 할 수 있습니다.

❹ **평면 설정**: 작업 바닥 평면을 설정하고 눈금자를 표시할 수 있습니다.

❺ **도형 종류**: 기본 도형에서 다양한 추천 도형까지 도형의 그룹을 선택할 수 있습니다.

❻ **기본 도형**: 모델링을 위해 다양한 모양의 도형을 사용할 수 있습니다.

❼ **그리드**: 작업 평면의 크기와 눈금 단위를 설정할 수 있습니다.

2 | 모델링 시작하기

내가 원하는 물건을 직접 디자인하기 위해서는 모델링 프로그램을 자유자재로 사용할 줄 알아야 합니다. 먼저 준비된 도형을 작업 평면으로 가져와 이리저리 움직여 보고, 크기도 조절해 봅시다.

1 기본 도형 익히기

3D 모델링을 할 때 선으로 모양을 그리고 2D에서 3D 입체로 변환하는 것이 일반적이지만, 팅커캐드에서는 선으로 모양을 그리는 과정 없이 처음부터 3D 도형으로 원하는 모양을 만들 수 있습니다.

[모델링하기] 도형을 원하는 위치로 이동하거나 크기를 변경해 봅시다.

✔ 따라하기

❶ **도형 이동하기** ■(상자)를 마우스로 끌어서 작업 평면으로 가져온 다음 원하는 위치로 끌어서 이동해 보세요.

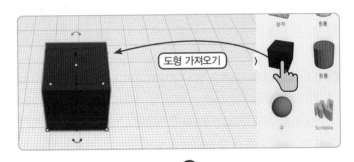

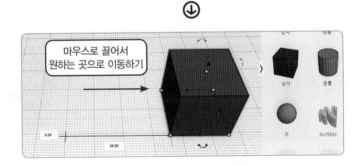

❷ **공중으로 도형 이동하기** 도형을 클릭했을 때 나타내는 조절점 중 도형 위에 있는 ■을 선택한 상태에서 위로 끌기 하면, 마치 공중 부양하듯이 도형을 위로 이동시킬 수 있습니다. 또한 Ctrl 키를 누른 상태에서 ↑ 키를 누르면 보다 세밀하게 이동시킬 수 있습니다.

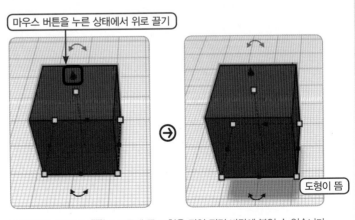

※단축키는 알파벳 ' D '로 공중에 뜬 도형을 작업 평면 바닥에 붙일 수 있습니다.

119

❸ **도형 크기 바꾸기** 도형을 클릭하면 도형 주위에 다양한 조절점이 나타나는데, 특정 위치의 조절점을 마우스 버튼을 누른 상태에서 원하는 방향으로 끌기 하여 도형의 크기를 조절할 수 있습니다. 이때 Shift 키를 누른 상태에서 조절하면 일정 비율을 유지한 채 도형의 크기를 조절할 수 있습니다.

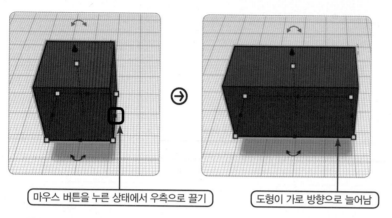

| 마우스 버튼을 누른 상태에서 우측으로 끌기 | 도형이 가로 방향으로 늘어남 |

※도형의 모서리를 클릭한 후 치수(mm)를 입력하면 좀 더 정확하게 크기를 조절할 수 있습니다.

❹ **도형 회전하기** 도형을 클릭하면 도형의 X, Y, Z축 주위에 (둥글게 구부러진 화살표)가 나오는데, 이곳으로 마우스 포인터를 가져간 후 좌우로 움직여서 도형을 회전시킬 수 있습니다. 이때 도형과 마우스 포인터를 가까이한 상태에서 움직이면 22.5°씩, 도형과 멀리 떨어진 상태에서 움직이면 1°씩 회전합니다. 또한 Shift 키를 누른 상태에서 회전하면 44.5°씩 움직입니다.

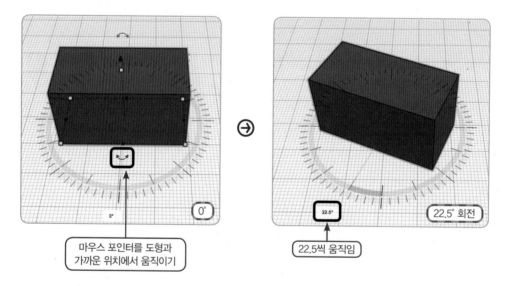

| 마우스 포인터를 도형과 가까운 위치에서 움직이기 | 22.5씩 움직임 |

❺ **도형 속성 정하기** 도형을 클릭하면 화면 오른쪽 위에 도형의 속성을 조절할 수 있는 창이 나타납니다. 도형의 모양에 따라 모서리의 개수나 모양 등 다양한 속성 값을 조절하여 기본 도형의 색과 형태를 변경할 수 있습니다.

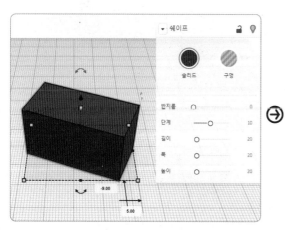 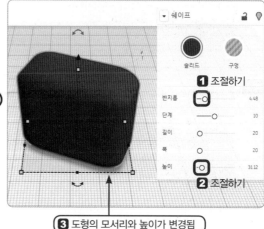

2 그룹 만들기 및 색 조정하기

여러 개의 도형을 그룹으로 묶고, 색을 바꾸어 원하는 모양의 도형을 만들 수 있습니다.

[모델링하기] 애벌레를 만들어 봅시다.

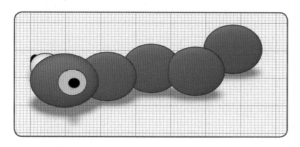

✅ **따라하기**

❶ 다음과 같이 (구)를 이용하여 여러 개의 도형을 나열합니다.

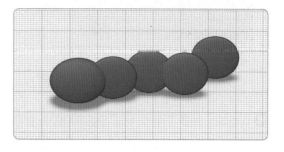

❷ 도형들을 마우스로 끌거나 Shift 키를 누른 상태에서 도형들을 모두 선택합니다.

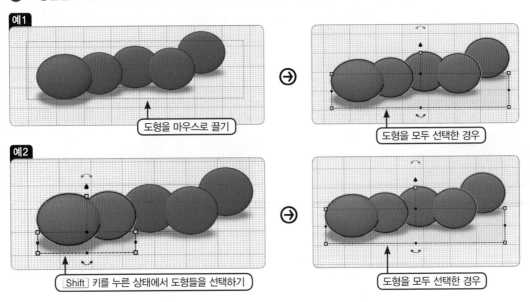

예1

도형을 마우스로 끌기

도형을 모두 선택한 경우

예2

Shift 키를 누른 상태에서 도형들을 선택하기

도형을 모두 선택한 경우

❸ ⬜ (그룹 만들기) 버튼 혹은 단축키 Ctrl+G를 눌러 하나의 그룹으로 묶도록 합니다.

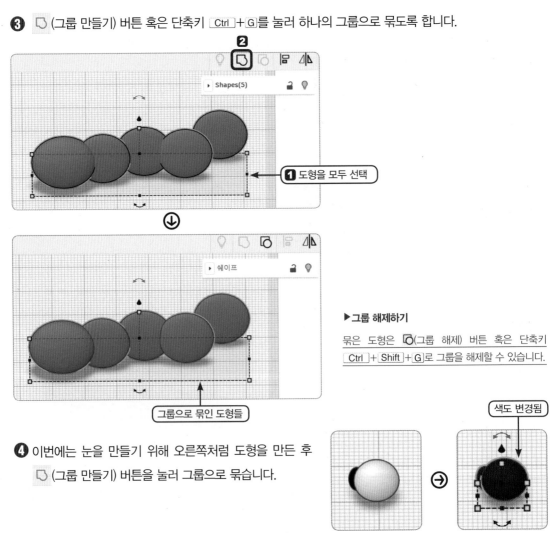

Shapes(5)

❶ 도형을 모두 선택

쉐이프

▶그룹 해제하기

묶은 도형은 ⬭(그룹 해제) 버튼 혹은 단축키 Ctrl+Shift+G로 그룹을 해제할 수 있습니다.

그룹으로 묶인 도형들

❹ 이번에는 눈을 만들기 위해 오른쪽처럼 도형을 만든 후 ⬜ (그룹 만들기) 버튼을 눌러 그룹으로 묶습니다.

색도 변경됨

❺ 그런데 묶은 도형의 색까지 하나로 바뀐 것을 볼 수 있습니다. 다시 색을 원래대로 변경하려면 ● 를 클릭하면 나오는 [사전 설정]에서 [여러 색]이라고 표시된 부분을 마우스로 클릭하여 체크하면 원래의 색으로 바뀝니다.

 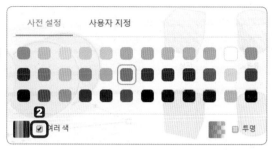 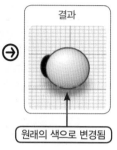

❻ 같은 방법으로 또 다른 눈을 만들어 애벌레를 완성해 보세요.

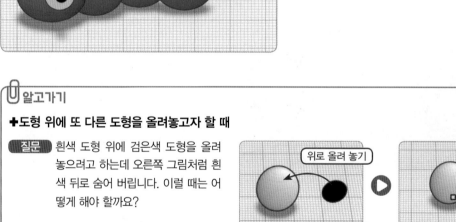

📎 알고가기 ➕

➕ 도형 위에 또 다른 도형을 올려놓고자 할 때

[질문] 흰색 도형 위에 검은색 도형을 올려놓으려고 하는데 오른쪽 그림처럼 흰색 뒤로 숨어 버립니다. 이럴 때는 어떻게 해야 할까요?

위로 올려 놓기

검은색 원이 뒤로 숨어요.

[답변] 먼저 도형을 위아래 나란히 배치한 후, [Ctrl] 키를 누른 상태에서 검은색 도형을 방향키 [↑] 로 이동하면 됩니다. 마치 공중 부양하듯이 올리는 것입니다.

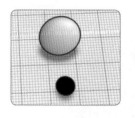 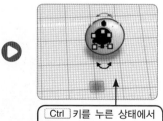 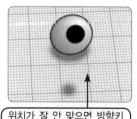

[Ctrl] 키를 누른 상태에서 [↑]로 이동

위치가 잘 안 맞으면 방향키 ([←][→][↑][↓])로 조정하기

3 도형 빼기

여러 개의 도형으로 원하는 모양을 만든 후 도형의 특정 부분을 뻥 뚫린 것처럼 뺄 수 있습니다.

[모델링하기] 다음과 같은 모양을 만들어 봅시다.

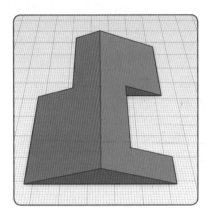

⊘ 따라하기

❶ 기본 도형에서 🔺(지붕)과 🔶(원형 지붕)을 다음과 같이 배치합니다.

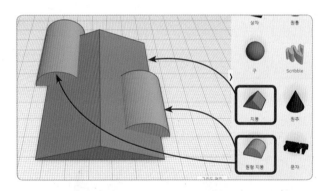

❷ Shift 키를 누른 상태에서 '원형 지붕' 2개를 선택하고, 메뉴에서 [구멍]을 클릭하면 해당 도형의 색상이 투명 빗살무늬로 바뀝니다.

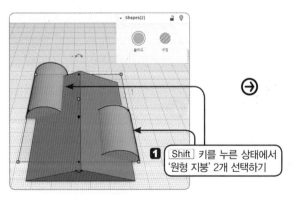

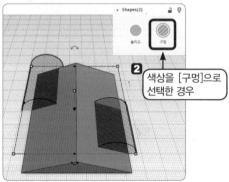

❸ 구멍으로 설정된 도형과 일반 도형을 모두 선택한 후 ⬜(그룹 만들기)로 합치면 구멍 도형이 사라짐과 동시에 일반 도형과 구 멍 도형이 겹쳐졌던 부분 또한 사라진 것을 볼 수 있습니다.

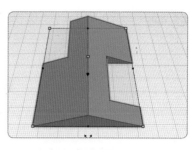

➕ 해보기

다음과 같이 얼굴을 만들어 봅시다.

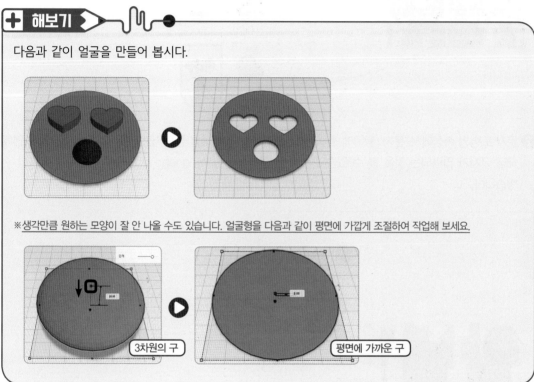

※생각만큼 원하는 모양이 잘 안 나올 수도 있습니다. 얼굴형을 다음과 같이 평면에 가깝게 조절하여 작업해 보세요.

3차원의 구

평면에 가까운 구

4 글자 만들기

📷 (문자)를 이용하면 원하는 글자 도형을 만들 수 있습니다.

[모델링하기] 다음과 같은 글자 도형을 만들어 봅시다.

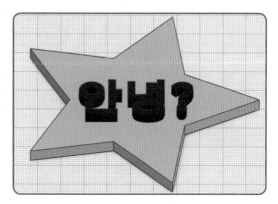

❶ 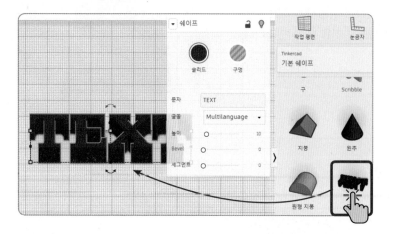 (문자)를 작업 화면으로 가져 옵니다.

❷ 문자 도형의 속성에서 '문자' 항목에 원하는 글을 입력합니다. 예를 들어 '안녕?'을 입력하면 작업 화면에 해당 글자가 입력되는 것을 볼 수 있습니다. 이때 글꼴은 'Multilanguage'로 선택해야 한글을 입력할 수 있습니다.

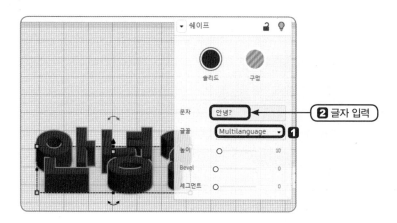

❸ 글자가 완성되었으면 원하는 도형을 글자 바닥에 추가하고, 도형의 높이를 낮게 조절하여 글자를 더 돋보이게 해 보세요.

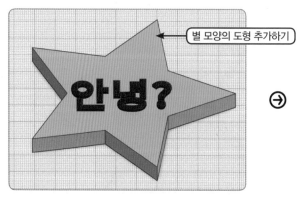

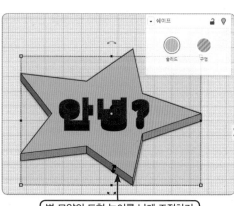

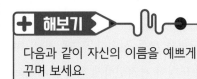

해보기

다음과 같이 자신의 이름을 예쁘게
꾸며 보세요.

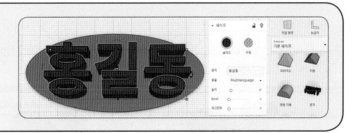

5 도형 반전하기

모델링하기 다음과 같은 도형을 만들어 봅시다.

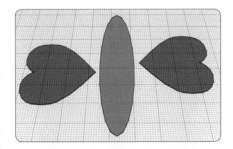

✓ 따라하기

❶ 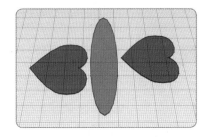 (하트)와 (원통)을 이용하여 오른쪽과 같은 도형을 만듭
니다.

❷ 도형을 선택하고 ◢◣ (반전) 버튼을 클릭하면 반전시킬 방향의 화살표가 나타납니다. 원하는 방향의 화살
표를 클릭하면 상하 또는 좌우로 도형을 뒤집을 수 있습니다.

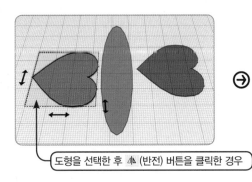

도형을 선택한 후 ◢◣ (반전) 버튼을 클릭한 경우

➔

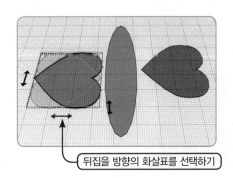

뒤집을 방향의 화살표를 선택하기

127

6 **도형 정렬하기**

여러 개의 도형을 원하는 상태로 정렬하기 위해서는 정렬시킬 도형을 모두 선택한 후 ▐▌(정렬) 버튼을 클릭하고 정렬하고자 하는 기준점을 선택하면 그 기준에 맞춰 도형이 가지런하게 정렬됩니다.

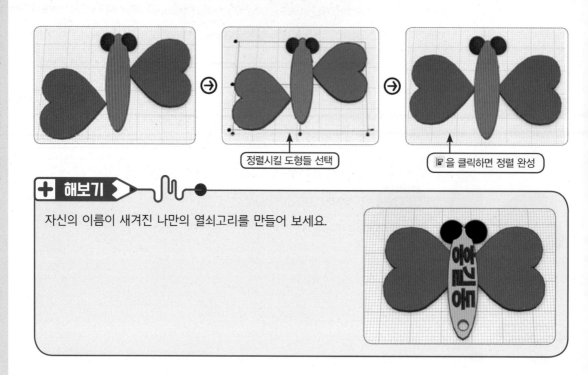

정렬시킬 도형들 선택

▐▌을 클릭하면 정렬 완성

➕ **해보기**

자신의 이름이 새겨진 나만의 열쇠고리를 만들어 보세요.

7 **작품 만들기**

앞에서는 도형 위에 또 다른 도형을 붙일 때 도형의 위치를 마우스나 키보드로 이동했습니다. 하지만 더 쉬운 방법으로는 붙일 도형의 평면 위를 '작업 평면'으로 만들고, 새로운 도형을 작업 바닥에 붙이는 것(단축키 D)이 보다 더 정확할 수 있습니다.

모델링하기 1 다음과 같이 집을 만들어 봅시다.

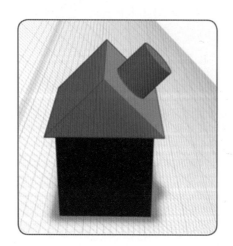

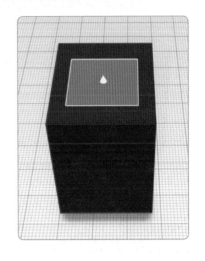

☑ **따라하기**

❶ ▋ (상자) 도형을 가져와 다음과 같은 크기의 도형을 만듭니다.

❷ ▦ (작업 평면) 버튼이나 단축키 W를 누르면 주황색 눈금의 네모
난 면이 마우스 커서를 따라 다닙니다.

❸ 상자 윗면을 클릭하면 작업 평면이 상자 위로 변경됩니다. 이곳에 ◢ (지붕) 도형을 가져오면 쉽게 상자
위에 지붕을 올릴 수 있습니다.

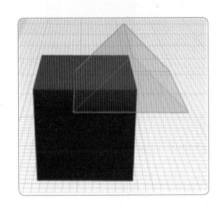 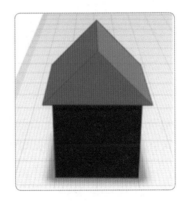

❹ 이번에는 ▦ 버튼을 클릭하여 기본 작업 평면에서 ▮ (원통) 도형을 가져와 원통 모양을 변경합니다. 그
런 다음 단축키 Ctrl + C로 복사한 상태에서 다시 ▦ 을 클릭합니다.

❺ 지붕 오른쪽 면을 선택하여 작업 평면으로 만들고, 단축키 Ctrl + V로 붙여 넣으면 자연스럽게 기울어
진 지붕 위에 원통을 붙일 수 있습니다.

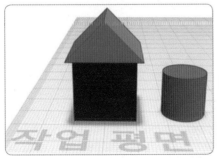  

129

모델링하기 2 다음과 같이 저금통을 만들어 봅시다.

✓ 따라하기

❶ ◼️(원통) 도형을 가져와 적당한 크기의 모양으로 조정합니다. 이번에는 도형을 선택한 상태에서 단축키 Ctrl + D를 누르면 선택한 도형에 똑같은 모양의 도형이 복제됩니다.

> 도형을 선택한 상태에서 단축기 Ctrl + D를 누르면 같은 도형이 복제됨

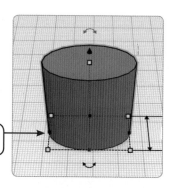

❷ 같은 위치에 복제된 도형의 크기를 줄여 보세요. 그런데 복제된 도형이 원래 도형 안쪽으로 감추어져 있어서 보이지 않으므로 바깥 도형의 색을 '투명' 처리하면 안쪽 도형을 볼 수 있습니다.

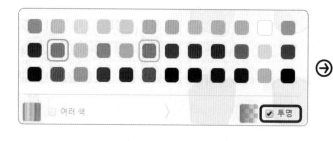 ➔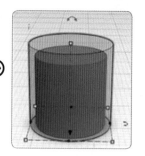

❸ 마우스로 끌어서 두 도형을 모두 선택하고 🔲(정렬) 버튼을 눌러 도형의 높이를 가운데로 정렬시킵니다.

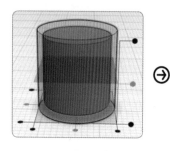 ➔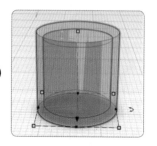

❹ 저금통 안의 공간을 만들기 위해 겹쳐져 있는 두 도형 중 안쪽 도형을 구멍
으로 만듭니다. 그런데 두 도형이 겹쳐져 있으므로 안쪽 도형을 선택하기 위
해서는 두 도형 전체를 선택한 후 [Shift] 키를 누르고 바깥쪽 도형을 누르면
바깥쪽 도형의 선택이 지워지고 안쪽 도형만 선택할 수 있습니다.

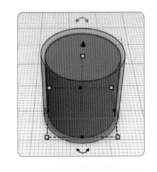

❺ 안쪽 도형을 구멍으로 만든 후, 바깥 도형과 안쪽 도형을 모두 선택하고 🗇
(그룹 만들기)로 합치면 원통 안을 저금통으로 사용할 수 있는 공간이 생깁
니다.

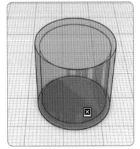

❻ 저금통 입구를 만들기 위해 직사각형을 구멍으로 만들어 원통 위에 정렬시
키고 🗇 (그룹 만들기)를 실행하면 원통 윗면에 동전이 들어갈 수 있는 구
멍이 생깁니다.

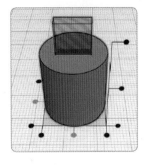

모델링하기 3 다음과 같이 해바라기를 만들어 봅시다.

❶ ▮ (원통) 도형을 가져와서 오른쪽 그림처럼 색과 높이, 크기
등을 조정하여 꽃잎 하나를 만듭니다. 그런 다음 꽃잎을 선택
한 후 단축키 [Ctrl]+[D]를 누르면 선택한 도형의 위치에 똑같
은 모양의 도형이 복제됩니다.

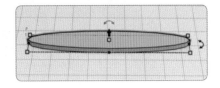

❷ 복제된 도형을 선택하고 각도를 약간 돌립니다. 이
때 도형 가까이 마우스 포인터를 위치하고 돌리면
22.5°씩 회전합니다.

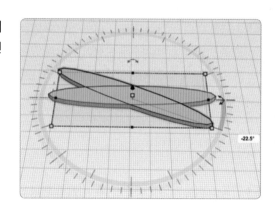

❸ 단축키 Ctrl + D 를 반복하여 누르면 도형을 복제하는 깃뿐만 아니라, 앞에 도형을 움직였던 명령까지
반복되면서 일정한 각도로 돌려진 형태의 꽃잎 모양을 계속 만들 수 있습니다.

❹ 어느 정도 꽃 모양이 완성되었으면 꽃잎을 모두 선택한 후, 🗂 (그룹 만들기)로 모두 합치고 ⬤(반구)를
가운데 추가하여 해바라기를 완성합니다.

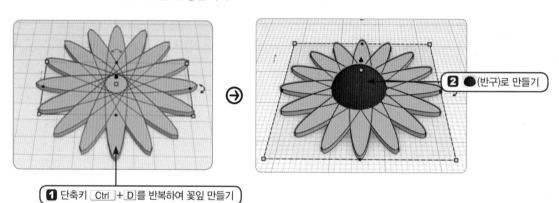

2 ⬤(반구)로 만들기

1 단축키 Ctrl + D 를 반복하여 꽃잎 만들기

➕ 해보기

내가 미래에 살고 싶은 집을 친구들과 함께 만들어 보세요.

예

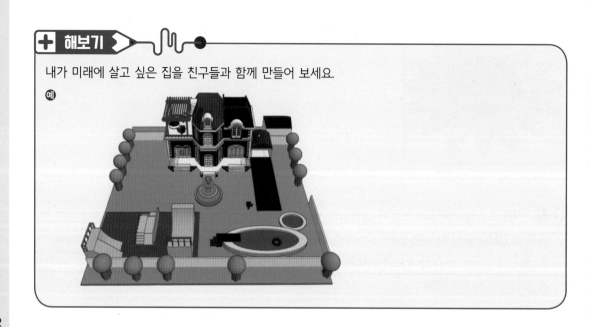

3 | 작품 공유하기

내가 만든 작품을 친구들과 공유하면 어떨까요? 작품도 함께 감상하면서 의견을 나누고, 친구들과 하나의 작업 공간에서 협력하여 또 다른 작품도 만들면 더 유익할 것입니다. 그러기 위해서는 다음과 같이 콜라보레이트(친구들을 작업 화면으로 초대하기)와 작품 배포 공유 작업이 필요합니다.

1 콜라보레이트(Collaborate)_친구들을 작업 화면으로 초대하기

팅커캐드에서는 하나의 작업 화면에서 여러 친구와 함께 공동으로 작업할 수 있습니다. 'Collaborate' 기능은 서로 협력하여 모델링을 해야 할 때 매우 유용한 방법입니다. 친구들을 작업 화면으로 초대해 볼까요?

팅커캐드 우측 상단, ⚇(추가) 추가 버튼을 클릭하면 공유 주소가 나타나는데, 이 주소를 함께 모델링할 친구들에게 알려 주면 친구들이 해당 주소로 접속할 수 있습니다.

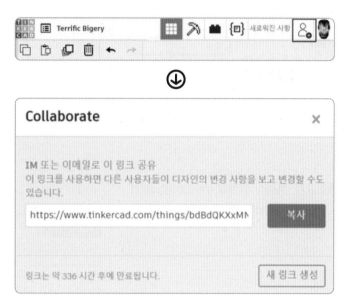

'Collaborate' 링크는 14일 동안 지속하여 사용할 수 있으며, 14일이 지난 후에도 계속 친구들과 함께 작업하기를 원한다면 같은 방식으로 새 링크를 생성하여 사용하도록 합니다.

2 작품 배포 공유

내가 만든 작품을 공유해 볼까요?

✔ 따라하기

❶ 팅커캐드에 로그인하면 나타나는 첫 화면의 대시보드에서 공유할 작품에 마우스 포인터를 올리면 ⚙(설정) 메뉴가 나옵니다. 이곳에서 가장 위에 있는 '특성'을 선택합니다.

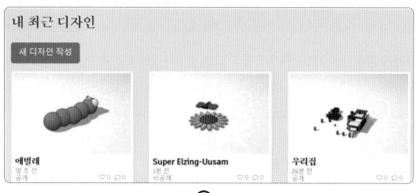

❷ 공개 액세스 설정을 'private(비공개)' 에서 'public(공개)'로 변경합니다.

❸ 다시 대시보드에서 공유할 작품을 클릭하면 공유 가능한 링크가 생성됩니다. 이처럼 링크가 있는 사람은 누구나 공개한 작품을 볼 수 있고, 자신의 것으로 만들 수도 있습니다.

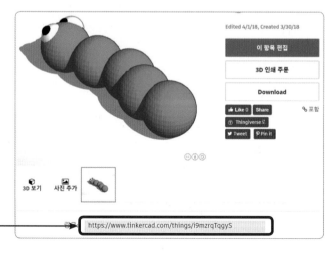

해당 작품의 주소 생성

❹ 팅커캐드 화면 상단의 🔍 (검색) 아이콘을 클릭하면 나오는 검색 창에서 작품 이름, 예를 들어 '애벌레'를
입력하여 공개된 작품을 찾을 수도 있습니다.

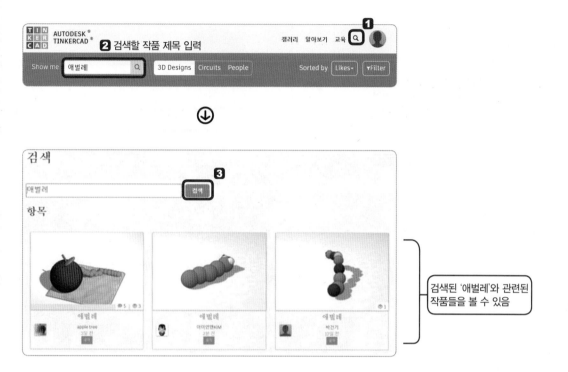

검색된 '애벌레'와 관련된
작품들을 볼 수 있음

4 | 외부 파일 가져오기

다른 사람이 만든 3D 모델링 파일을 가져와서 활용할 수는 없을까? 이럴 때는 사람들이 만든 작품
을 공유하는 사이트에 접속하여 원하는 모델링 파일을 가져와서 내가 원하는 모양으로 변경할 수 있
습니다. 팅커캐드로 가져올 수 있는 외부 파일의 확장자는 'STL', 'OBJ', 'SVG'와 같이 세 종류이며,
가져올 수 있는 파일의 최대 크기는 25MB입니다.

① STL 파일

STL 파일은 3차원 데이터를 표현하는 국제 표준 형식입니다. 아울러 대부분의 3D 프린터와 호환
되는 형식이기 때문에 3D 프린팅을 위한 모델링 파일로 가장 많이 쓰이고 있습니다. 인터넷 공유 사
이트를 통해 다양한 STL 모델링 파일이 무료로 공유되고 있으므로, 누구나 쉽게 다른 사람이 만든
STL 파일을 다운로드하여 사용할 수 있습니다.

[모델링하기] 3D 모델링 작품들이 공유되어 있는 사이트에 접속하여 원하는 이미지의 STL 파일을 가져온 후, 원하는 형태로 바꾸어 봅시다.

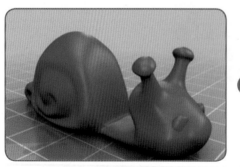 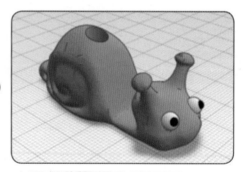

| 공유 사이트에서 가져온 모델링 파일　　　　　　　| 이미지를 임의로 바꾼 예

✓ 따라하기

❶ 3D 모델링 공유 사이트 중 가장 대표적인 사이트인 싱기버스(http://www.thingiverse.com)에 접속하여 원하는 모양의 3D 모델링 파일을 다운로드합니다.

예

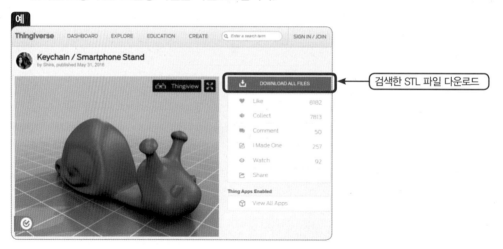

검색한 STL 파일 다운로드

❷ 팅커캐드 작업 메뉴 오른쪽 상단에서 [가져오기] 버튼을 누르면 외부의 이미지 파일을 가져올 수 있습니다. 싱기버스에서 다운로드한 STL 파일을 선택하여 원하는 크기로 설정한 후 작업 평면으로 가져 옵니다.

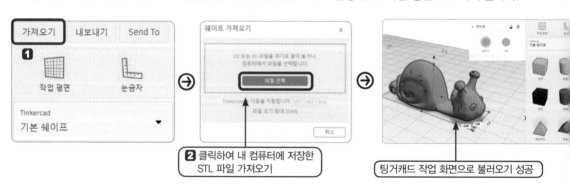

❷ 클릭하여 내 컴퓨터에 저장한 STL 파일 가져오기

팅거캐드 작업 화면으로 불러오기 성공

❸ 팅커캐드로 가져온 외부 STL 파일은 모델링이 완료된 하나의 덩어리 파일입니다. 이 덩어리에 구멍을 내거나 다른 도형을 붙이는 방법으로 새로운 모양으로 변형해 보세요.

내려 받은 파일

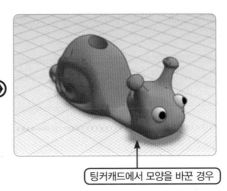

팅커캐드에서 모양을 바꾼 경우

📎 알고가기

✚저작권 표시 기호 이해하기

인터넷상에서 다른 사람이 제공하는 파일을 다운로드하여 사용할 때는 반드시 다음과 같은 저작권 표시를 확인한 후, 기재된 저작권의 허용 범위 안에서 사용하도록 합니다.

저작물 이용 표시 기호	의미
(cc) ① BY	**저작자 표시(CC BY)** 저작자와 출처 등을 표시하면 영리 목적의 이용이나 변경 및 2차적 저작물의 작성을 포함한 자유 이용을 허락합니다.
(cc) ① ⊜ BY ND	**저작자 표시-변경 금지(CC BY-ND)** 저작자와 출처 등을 표시하면 영리 목적의 이용은 가능하지만, 변경 및 2차적 저작물의 작성은 허용되지 않습니다.
(cc) ① ↻ BY SA	**저작자 표시-동일 조건 변경 허락(CC BY-SA)** 저작자와 출처 등을 표시하면 영리 목적의 이용이나 2차적 저작물의 작성을 포함한 자유 이용을 허락합니다. 단 2차적 저작물에는 원저작물에 적용된 라이선스와 동일한 라이선스를 적용해야 합니다.
(cc) ① ⊘ BY NC	**저작자 표시-비영리(CC BY-NC)** 저작자와 출처 등을 표시하면 저작물의 변경, 2차적 저작물의 작성을 포함한 자유 이용을 허락합니다. 단 영리적 이용은 허용되지 않습니다.
(cc) ① ⊘ ⊜ BY NC ND	**저작자 표시-비영리-변경 금지(CC BY-NC-ND)** 저작자와 출처 등을 표시하면 자유 이용을 허락합니다. 단 영리적 이용과 2차적 저작물의 작성은 허용되지 않습니다.
(cc) ① ⊘ ↻ BY NC SA	**저작자 표시-비영리-동일 조건 변경 허락(CC BY-NC-SA)** 저작자와 출처 등을 표시하면 저작물의 변경, 2차적 저작물의 작성을 포함한 자유 이용을 허락합니다. 단 영리적 이용은 허용되지 않고, 2차적 저작물에는 원저작물에 적용된 라이선스와 동일한 라이선스를 적용해야 합니다.

2 SVG 파일

SVG는 개방형 표준 이미지 파일로 웹에서 쉽게 사용할 수 있고 크기를 키우거나 줄여도 모양이 훼손되지 않는 벡터 포맷의 파일입니다. 공유 사이트에서 원하는 이미지를 검색해 볼까요?

모델링하기 구글(google.com)에서 SVG 이미지 파일을 검색한 후 원하는 이미지를 팅커캐드로 가져와 봅시다.

✔ **따라하기**

❶ 구글 사이트에 접속한 후 검색어를 '동물'로 입력하고, '이미지'를 선택합니다. [설정] 메뉴를 클릭하면 나오는 메뉴 중 [고급 검색] 기능을 선택합니다.

| 구글(google.com) 사이트에서 검색된 동물들 이미지

❷ '파일 형식'을 'SVG 파일'로 설정한 후 [고급 검색]을 클릭합니다.

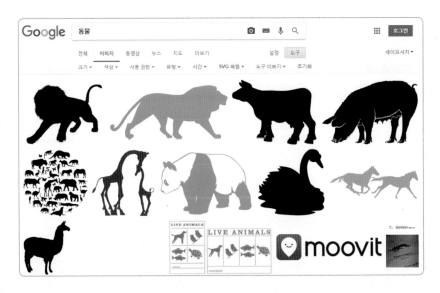

❸ '고급 검색' 기능에 의해 다음과 같이 SVG 파일로 된 이미지들이 검색됩니다. 여기에서 원하는 이미지를 찾아 다운로드합니다.

❹ STL 파일을 가져온 것과 마찬가지로 팅커캐드 작업 메뉴 오른쪽 상단 [가져오기] 버튼을 누르고 검색을 통해 다운로드한 SVG 파일의 용량을 원하는 크기로 설정한 후 작업 평면으로 가져 옵니다.

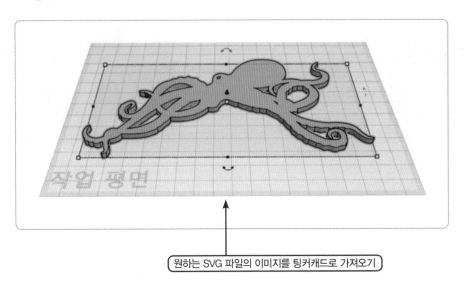

원하는 SVG 파일의 이미지를 팅커캐드로 가져오기

5 | 파일 내보내기

지금까지 다른 사람이 만든 모델링 파일을 가져와서 활용할 수 있었다면, 이번에는 내가 만든 모델링 파일을 내보내서 다른 사람이 활용할 수 있도록 할 수 있습니다. '파일 가져오기'와 마찬가지로 자신이 만든 모델링 파일을 내보낼 수 있는 파일 확장자는 'STL', 'OBJ', 'SVG'와 같이 세 가지의 형식 중 하나입니다. 특히 STL 파일 형식의 이미지는 3D 프린팅을 위한 일반적인 형식이기 때문에 내보내기에서 가장 많이 사용되고 있습니다.

내가 만든 작품을 내보내기 해 봅시다.

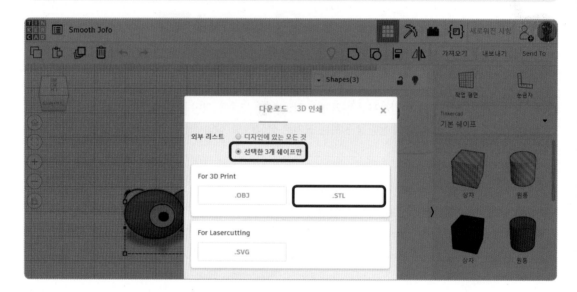

※작품을 선택한 후 [내보내기] 버튼을 누르면 [설정] 창이 나타납니다. 여기에서 원하는 형식을 클릭하면 해당 형식으로 모델링 파일을 내보내고 다른 사람이 다운로드할 수 있습니다.

지금까지 배운 내용을 바탕으로 이미지 공유 사이트에서 원하는 이미지 파일을 가져와 팅커캐드에서 변경한 후 공유해 봅시다.

6 | 햄스터 확장 보드용 3D 모델링하기

이 책에서 소개한 햄스터 로봇의 확장 보드와 관련된 모든 3D 출력물들은 다음과 같이 팅커캐드 사이트에 모델링되어 있습니다.

번호	제목	팅커캐드 링크 주소
1	햄스터 확장 보드	https://www.tinkercad.com/things/9k4QbLi15on
2	햄스터 골프채	https://www.tinkercad.com/things/3ukKFrMAHr4
3	햄스터 권투	https://www.tinkercad.com/things/jiL9e0FUoTB
4	햄스터 태권도	https://www.tinkercad.com/things/cX0CwHPJRxO

햄스터 로봇에 확장 보드를 추가하고 내가 만든 모델링 파일을 3D 프린터로 출력하기 위해서는 먼저 햄스터 로봇에 추가하여 사용할 수 있는 확장 보드인 결합 쉴드에 대해 알아야 합니다. 결합 쉴드의 앞뒤에 튀어나와 있는 부분은 다른 3D 프린팅 요소를 결합할 수 있는 커넥터입니다. 이 커넥터를 이용하면 쉴드와 결합할 수 있는 다양한 형태의 모양을 모델링할 수 있습니다.

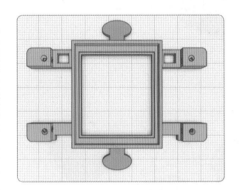

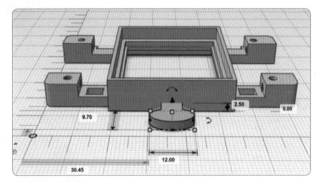

| **커넥터 크기** 가로 12mm, 세로 9.7mm, 높이 2.5mm

이제 햄스터 결합 쉴드를 이용하여 다양한 동물을 만들어 볼까요?

모델링하기 다음과 같이 결합 쉴드를 이용하여 거북이를 모델링해 봅시다.

✅ **따라하기**

❶ 팅커캐드에서 거북이 얼굴로 사용할 ⚫ (구)를 가져와 다음과 같이 색과 크기를 변경합니다.

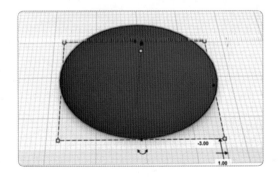

❷ 거북이 얼굴 형태를 표현할 수 있도록 '투명' 도형으로 적당하게 잘라냅니다.

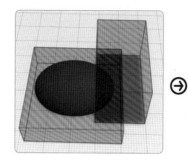 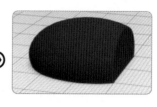

❸ 눈 모양을 표현할 수 있도록 구 형태의 도형을 얼굴에 붙입니다.

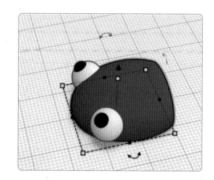

❹ 거북이 얼굴을 햄스터 확장 보드의 결합 쉴드의 커넥터에 끼울 수 있도록 거북이 얼굴 뒤쪽에 커넥터 사이즈보다 0.4mm 정도 큰 구멍을 만듭니다.

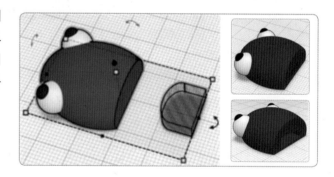

❺ 같은 방식으로 거북이의 꼬리와 팔 등을 만듭니다.

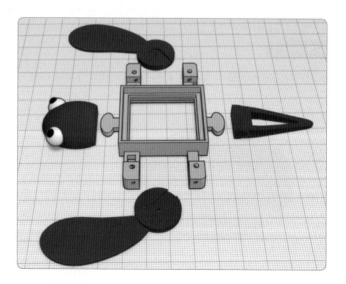

다음은 햄스터 확장 보드 결합 쉴드를 이용하여 동물을 만든 예시가 있는 주소들입니다. 참고하여 다양한 동물을 모델링해 보세요.

거북이

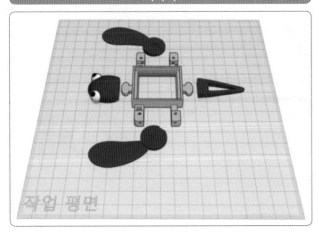

○ 팅커캐드 원본 소스
https://www.tinkercad.com/things/9H12C13
KK9G

○ https://www.tinkercad.com
팅커캐드에서 '햄스터 거북이' 검색

개구리

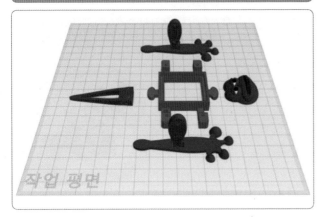

○ 팅커캐드 원본 소스
https://www.tinkercad.com/things/j583Oql
XuOA

○ https://www.tinkercad.com
팅커캐드에서 '햄스터 개구리' 검색

도마뱀

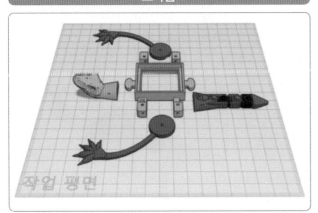

○ 팅커캐드 원본 소스
https://www.tinkercad.com/things/43YWnVw
GCXQ

○ https://www.tinkercad.com
팅커캐드에서 '햄스터 도마뱀' 검색

143

장수풍뎅이

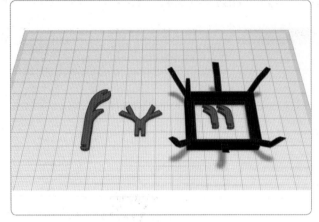

○ 팅커캐드 원본 소스
https://www.tinkercad.com/things/cinlHw4x
l9i

○ https://www.tinkercad.com
팅커캐드에서 '햄스터 장수풍뎅이' 검색

사마귀

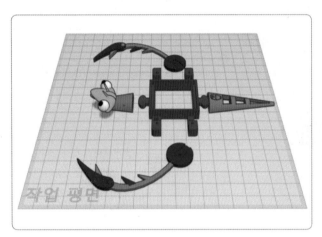

○ 팅커캐드 원본 소스
https://www.tinkercad.com/things/cAAxBo
C2jea

○ https://www.tinkercad.com
팅커캐드에서 '햄스터 사마귀' 검색

전갈

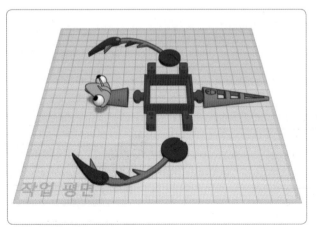

○ 팅커캐드 원본 소스
https://www.tinkercad.com/things/1Pb5jSRt
jWl

○ https://www.tinkercad.com
팅커캐드에서 '햄스터 전갈' 검색

사슴벌레

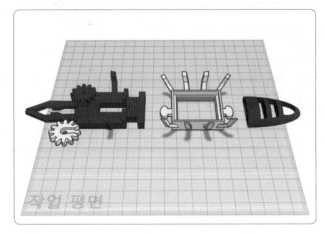

◑ 팅커캐드 원본 소스
https://www.tinkercad.com/things/46YrBJil9Dp

◑ https://www.tinkercad.com
팅커캐드에서 '햄스터 사슴벌레' 검색

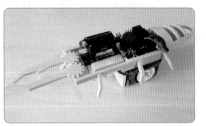

햄스터 로봇은 3D 프린터를 만나면 다양한 동물로 변신할 수 있습니다. 동물 동영상에서 소개하는 7가지 동물 모양의 3D 모델을 프린터로 출력하여 다양한 움직임을 표현할 수 있도록 코딩으로 생명을 불어 넣어 보세요. 또 이 동물들의 3D 모델 디자인을 응용하여 새로운 동물을 탄생시켜 보세요.

◑ 동물 동영상 http://makersaem.com, https://youtu.be/7oVllQerBrg

➕ 해보기

1 위에서 소개한 7가지 동물 모양의 3D 모델을 응용하여 새로운 동물을 탄생시켜 보세요.

2 완성된 동물 모델을 3D 프린터로 출력하여 다양한 움직임을 표현할 수 있도록 코딩으로 생명을 불어 넣어 보세요.

3 ▶ 큐라(Cura) 슬라이싱하기

3D 모델링으로 디자인한 물건을
실제 **3D 프린터로 출력**할 수 있도록 **슬라이싱**에 대해 알아보자.

3D 프린팅을 하기 위해서는 모델링 과정에서 만든 STL 파일을 3D 프린터가 조금씩 쌓아올리면서 물체를 만들 수 있도록 한 층씩 잘라주는 작업이 필요한데, 이것을 슬라이싱이라고 합니다. 그리고 슬라이싱 과정에서 G 코드를 생성하는데, 3D 프린터는 이 코드로 3D 모델링 정보를 해석하여 프린팅을 합니다. 이 책에서는 대표적인 슬라이싱 프로그램인 '큐라(Cura)'를 이용한 슬라이싱 방법에 대해 알아 보도록 합니다.

1 | 큐라 소개하기

큐라는 3D 프린터를 제작하는 얼티메이커사(Ultimaker)에서 무료로 배포하는 슬라이싱 프로그램 입니다. 프로그램은 인터넷에서 '큐라 다운로드'로 검색하거나 얼티메이커사의 홈페이지에 접속하여 다운로드할 수 있습니다.

⊙ 얼티메이커사 홈페이지 https://ultimaker.com/en/products/ultimaker-cura-software

큐라는 자주 업데이트를 하여 기능을 추가하거나 문제점을 찾아 보완하고 있습니다. 그런데 업데이트된 최신 버전에서 간혹 G 코드에 오류가 생기고, 기능도 세부적으로 많아지고 복잡해지면서 쓰기 쉬운 구 버전을 이용하는 경우가 많습니다. 큐라의 구 버전은 기본 다운로드 페이지 아래에 있는 'View all versions'을 클릭하면 나오는 구 버전들 중 원하는 버전을 선택하여 다운로드할 수 있습니다.

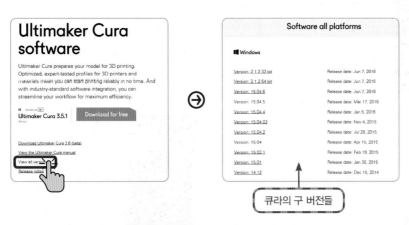

2 | 큐라 설치하기

| 실습 1 | 준비된 말판 위사람들이 많이 사용하는 'Version 15.04.6'을 다운로드하여 설치해봅시다.

✔ 따라하기

❶ 'Version 15.04.6'을 클릭하면 나오는 창에서 [Download]를 선택합니다.

❷ [Next]를 클릭하고, 다시 메뉴 창이 뜨면 [Install]을 클릭합니다.

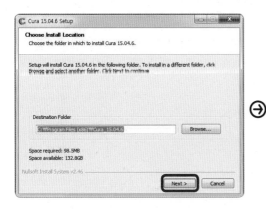 

❸ 인스톨 후 나오는 창에서 [다음]을 클릭합니다. USB를 연결하여 출력할 수 있도록 'Arduino USB Driver'를 선택하여 설치한 후 [마침]을 클릭합니다.

❹ 다시 [Next]를 클릭하고, 또 다른 창이 뜨면 [Finish]를 클릭하여 설치를 완료합니다.

❺ 큐라를 설치한 후 처음 실행할 경우 프린터 설정 마법사 화면이 나오는데, 여기서 자신이 가지고 있는 프린터 정보에 맞게 세팅을 합니다. 만일 프린터 정보를 확실히 모를 경우 [Cancel]을 누르고 다음에 설정하도록 합니다.

❻ 자동으로 설치한 큐라가 실행되면서 새로운 버전을 다시 다
운로드하여 설치할지를 묻는 화면이 나오면 [아니요]를 클릭
합니다.

❼ 이번에는 큐라 메인 화면과 함께 나오는 메
시지 창에서 [OK]를 클릭합니다.

❽ 큐라 설치 후 처음 실행할 경우, 프린팅을 테스트해 볼 수 있는 stl 로봇 이미지가 나타나는데 Delete 키로
삭제할 수 있습니다.

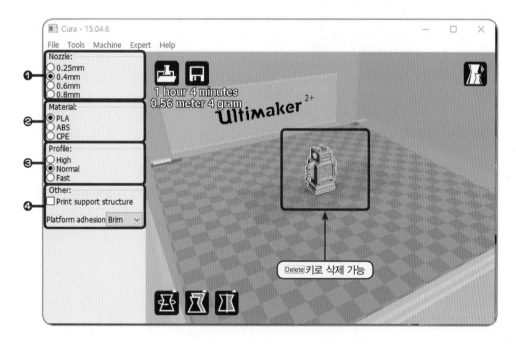

❶ Nozzle: 필라멘트가 나오는 프린터의 노즐 구멍 사이즈를 지정합니다.

❷ Material: 사용할 필라멘트의 재료를 지정합니다.

❸ Profile: 출력 품질(High: 품질은 좋지만 느리게 출력, Normal: 보통 품질과 속도, Fast: 품질
은 좋지 않지만 빠르게 출력)을 지정합니다.

❹ Other: 지지대의 사용 여부를 지정합니다.

3 | 메뉴 소개 및 세팅하기

|실습 **2**| 준비된 말판 위큐라를 실행하여 어떤 메뉴가 있는지 확인해 보고, 자신이 사용하는 3D 프린터의 환경에 맞게 정보를 입력해 봅시다.

✅ 따라하기

❶ 윈도의 [시작]–[모든 프로그램]–[Cura 15.04.6] 폴더에서 [Cura 15.04.6]을 더블 클릭하여 큐라를 실행합니다.

❷ 큐라 메인 화면이 나오면 상단 메뉴를 하나씩 클릭하여 어떤 메뉴가 있는지 확인합니다.

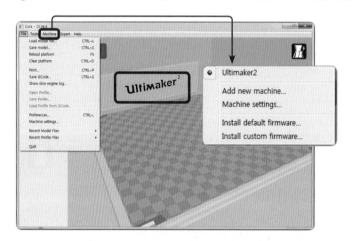

❸ 이번에는 [File]–[Machine settings]에서 자신이 사용하는 3D 프린터의 환경에 맞게 정보를 입력합니다.

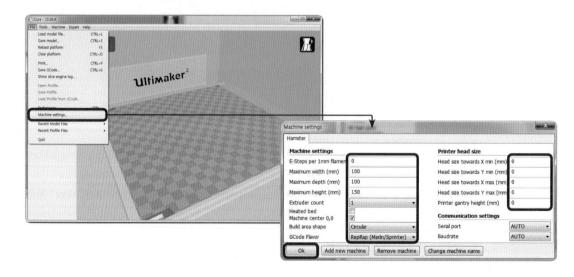

❹ 만약 프린터의 세팅 정보 파일이 있을 경우, 확장자 '*.ini' 세팅 정보를 불러오면 해당 프린터의 세팅을 더 쉽게 지정할 수 있습니다.

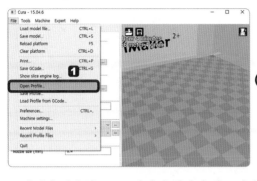
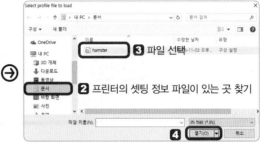

자신이 사용할 3D 프린터의 셋팅이 완료되었으면, 이번에는 슬라이싱에 대해 알아볼까요?

4 | 슬라이싱하기

| 실습 ❸ | 준비된 말판 위모델링한 파일을 불러와 슬라이싱해 봅시다.

✅ 따라하기

❶ 큐라 화면에 있는 🔼(Load) 버튼을 눌러 3D 모델링 결과물인 STL 파일을 불러 옵니다.

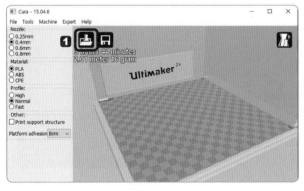

❷ 불러온 3D 모델 이미지가 노란색으로 표시되면 정상적으로 출력이 가능한 상태를 의미하는 것이므로 🔳(저장) 버튼을 누르면 기본 프린팅 세팅으로 슬라이싱 되어 G 코드 파일로 저장됩니다. 그리고 미리 보기 기능으로 출력 전 예상 적층 단계를 확인할 수도 있습니다.

알고가기

➕ 불러온 파일이 푸른색 화면에서 벗어날 경우 회색으로 표시되어 정상적인 출력이 불가능합니다.

이럴 경우, 위치를 이동해 주거나 모양 편집 기능으로 크기를 줄여야 합니다.

❸ [Expert] 메뉴에서 [Switch to full settings]을 선택하면 출력 설정을 보다 구체적으로 할 수 있습니다. 먼저 [Basic(기본 세팅)] 탭에서 출력 정보를 변경하여 원하는 품질이나 출력 속도를 설정하도록 합니다.

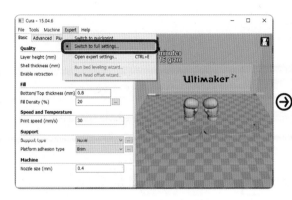 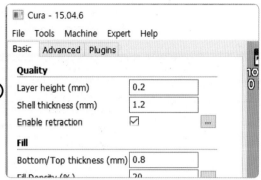

❶ **층 간격**: 층 간격(좁을수록 출력 품질이 높아지고 출력 속도는 늦어짐)을 설정합니다.

❷ **벽 두께**: 출력물의 벽 두께(보통 노즐 사이즈 X2)를 설정합니다.

❸ **리트렉션**: 노즐이 이동할 때 필라멘트가 흘러내리지 않도록 설정합니다.

❹ **위/아래 두께**: 출력물의 위/아래의 두께(보통 층 간격의 3배)를 설정합니다.

❺ **채우기**: 출력할 때 속 채움 정도(높을수록 결과물의 강도가 높아지고, 출력 속도는 늦어짐)를 설정합니다.

❻ **출력 속도**: 높을수록 출력 속도는 빨라집니다.

❼ **노즐 온도**: 필라멘트 재료에 따라 노즐의 온도를 설정(PLA=200~220, ABS=220~230)합니다.

❽ **서포트 타입**: 출력물 지지대를 설정합니다.
　• None: 지지대 없이 출력합니다.
　• Touching boilerplate: 바닥면과 닿는 첫 번째 면까지만 지원합니다.
　• Everywhere: 모든 면에 지원합니다.

❾ **바닥면 타입**: 출력물의 바닥 지지면으로 사용 시 튼튼하게 출력할 수 있지만, 출력 속도는 느려질 수 있습니다.
　• None: 바닥면의 지원이 없음를 의미합니다.
　• Brim: 바닥 표면적이 좁아 출력물이 쓰러질 수 있을 때 선택합니다.
　• Raft: 바닥면에 두꺼운 층을 만들어 지지합니다.

❿ **필라멘트 직경**: 보통 1.75

⓫ **필라멘트 압출량**: 필라멘트가 압출되는 양을 의미합니다.

⓬ **노즐 사이즈**: 보통 0.4

❹ [Advanced(고급 설정)] 탭에서 보다 자세한 프린팅 설정을 할 수 있습니다.

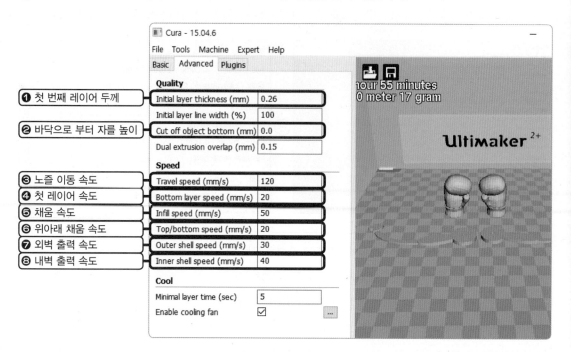

- **첫 레이어 속도**: 첫 레이어가 잘 적층되어야 출력이 원활하게 시작되므로 되도록 이면 느린 값을 설정하기를 권장합니다.
- **외벽 출력 속도**: 외벽은 눈에 보이는 면이므로 출력을 느리게 해야 질이 좋아집니다.

06

SW 메이킹과 창업 도전
(기업가 정신)

✅ 단원에서 무엇을 배우나요?

여기서는 기업가 정신과 SW 메이킹이 무엇인지 알아본 후 지금까지 익힌 소프트웨어 기술과 3D 프린팅 기술을 통해 문제를 해결할 수 있는 물건을 만들고, 결과물을 실제 적용해 봅시다.

1 ▸ 기업가 정신과 메이킹　　　　　　　　　**2** ▸ SW 메이킹 창업 도전

1 ▸ 기업가 정신과 메이킹

기업가 정신과 메이킹 활동이 미래를 준비하는 우리들의 핵심 역량임을 이해하고 창의적 도전 정신을 길러보자.

기업가 정신(entrepreneurship)이란 위험을 감수하며 도전적으로 새로운 기술과 혁신을 도모하여 성장과 사회적 가치를 만들어 내는 정신입니다. 최근 기업가 정신이 주목을 받는 이유는 급변하는 미래 사회에 끊임없이 변화하고 달라지는 환경에서 자신의 문제를 스스로 찾아내고 해결할 수 있는 역량을 길러낼 수 있기 때문입니다. 시대와 상황에 따라 창의적으로 자신의 삶을 개척하고 대처할 수 있는 능력이 요구되는 사회에서 기업가 정신은 다양한 영역에서 활용될 수 있는 핵심 역량인 것입니다.

메이커(maker)란 디지털 기기와 다양한 도구를 사용한 창의적인 만들기 활동을 통해 자신의 아이디어를 실현하고, 만든 결과물과 지식 경험을 공유하는 사람을 말합니다. 그리고 아이디어를 구상하고 실제 만들어 보는 과정을 메이킹(making)이라고 하며, 이러한 메이킹 활동은 구글, 애플과 같은 글로벌 기업 탄생의 원동력이 되었습니다.

우리가 소프트웨어 학습을 통해 체계적인 방법으로 문제를 해결하는 사고 방식을 기를 수 있었다면, 생각한 것을 실제로 만들어 내는 메이킹 과정을 통해 도전 정신과 성취감을 높일 수 있습니다. 예전에는 어떤 물건을 만들어 내려면 공장이나 특수 장비가 갖추어져 있는 곳에서만 가능했지만 최근에는 3D 프린터를 이용하여 원하는 장소에서 원하는 물건을 쉽게 만들 수 있습니다.

도전과 열정, 창의와 혁신으로 새로운 것을 만드는 기업가 정신을 바탕으로 창의적인 메이킹 활동을 하다 보면 우리가 직접 자신의 미래를 만들 수도 있을 것입니다.

2▸SW 메이킹 창업 도전

소프트웨어(SW)와 3D 프린팅 기술로 문제를 해결할 수 있는 방안을 만들고 실제 만들어 적용해 보자.

SW 메이킹은 주변의 불편한 점이나 문제점을 찾아 소프트웨어와 3D 프린팅 기술로 해결책을 구현하고 실제 적용해 보는 활동입니다. 아이디어를 실현할 수 있도록 구체적인 해결 방법을 절차적 사고로 설계하고 최종 결과물을 다양한 방법으로 실제 적용해 봄으로써 21C 필요한 역량을 기를 수 있으며, 실제 창업으로까지 이어질 수도 있습니다. 전체 활동 과정을 요약해 보면 우측 그림과 같이 총 4단계의 과정으로 나누어 볼 수 있습니다.

SW 메이킹 창업 도전 단계 알아보기

SW 메이킹 창업 활동은 다음과 같이 '문제 발견하기 → 아이디어 도출 → 해결 방법 설계 및 구현 → 적용 및 평가'와 같은 단계를 거칩니다.

1단계 문제 발견하기

먼저 평소 관심 있는 사회 문제나 주변의 불편한 점이라고 생각되는 문제를 하나 선택하고, 그

원인을 디자인 씽킹으로 찾아 나갑니다. 문제를 발견하는 과정은 문제를 해결하거나 적용하는 과정보다 더 중요하고 강조되는 부분입니다. 문제 정의는 목표에 도달하기 위한 방향 설정과도 같기 때문에 문제의 원인을 제대로 찾는 것이 바로 목표에 정확히 도달할 수 있는 지름길이 됩니다.

📎 **알고가기** ➕

➕디자인 씽킹(DT; Design Thinking)이란?
실생활 및 여러 분야에서 겪는 문제를 인간 중심의 관점에서 관찰하여 새로운 아이디어를 찾아내어 문제 해결 및 보완 등의 변화를 이끌어 내는 사고방식과 그 과정을 말합니다.

[2단계] 아이디어 도출

[1단계]에서 찾은 문제를 해결하기 위해 아이디어를 도출하는 단계입니다. 막연하게 아이디어를 생각하는 것이 아니라 브레인스토밍, 스캠퍼, 트리즈 기법과 같은 아이디어 도출에 도움을 줄 수 있는 창의적 발상 기법을 이용하면 보다 효율적으로 문제 해결을 위한 다양한 해법을 찾을 수가 있습니다. 그리고 찾아낸 아이디어를 남들이 이해하기 쉽게 비주얼 씽킹을 통해 그림으로 표현해 봅니다.

[3단계] 해결 방법 설계

아이디어를 실제 구현하기 위한 설계 단계입니다. 구체적인 설계를 위해 아이디어를 분해하고, 분해된 각 요소별로 필요한 자료를 수집하여 비슷한 성격의 자료끼리 분류합니다. 이렇게 분류된 자료를 적절히 수정하고 결합하여 최종적으로 설계에 필요한 실행 요소를 이용하여 실행 방법을 설계합니다.

[4단계] 구현

설계된 해결 방법을 실제로 적용하여 코딩을 통해 문제 해결 애플리케이션이나 로봇을 만들 수 있고, 3D 프린팅으로 도구를 만들 수도 있습니다.

[5단계] 적용 및 평가

창업 도전을 위해 단계별로 다양한 활동을 시작해 볼까요? 출발!

[4단계]에서 구현한 문제 해결 결과물을 실제 적용해 보는 단계입니다. 판매 및 시연 또는 해결책을 적용한 후 관찰 등을 통해 주위 사람들에게 소개하고 평가를 받아보는 활동을 합니다. 이때 평가 결과에 따라 보완할 사항을 찾고 수정하여 다시 적용해 보는 과정을 반복함으로써, 문제 해결 능력뿐만 아니라 기업가 정신과 함께 나도 할 수 있다는 자신감을 기르도록 합니다.

| 문제 발견하기 | 아이디어 도출 | 해결 방법 설계 및 구현 | 적용 및 평가 |

01 |차시 | 문제 찾기

1 관심 있는 사회/직업 분야에서 문제라고 생각되는 부분을 찾아봅시다.

2 주변에서 불편한 점이라고 생각된 부분을 찾아봅시다.

> 문제를 찾고 싶은 산업 요소

3 발견한 문제들 중에서 해결하고 싶은 문제를 선택해 봅시다.

> 문제 찾기

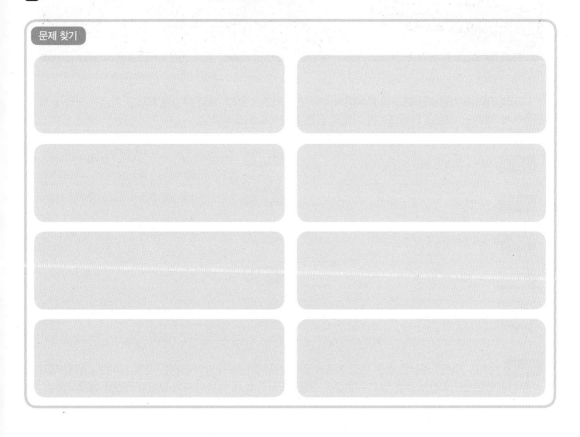

| 문제 발견하기 | 아이디어 도출 | 해결 방법 설계 및 구현 | 적용 및 평가 |

02 |차시 원인 찾기

1 질문을 통해 문제의 근본 원인을 찾을 수 있는 동기 유발 동영상을 시청해 봅시다.

| 5WHY 동영상(https://youtu.be/U3w_ela7Eq0)

2 다음은 '제퍼슨 기념관'을 예로 들어 5Why 문제 원인 찾기 방법을 설명하고 있습니다. 이를 참고하여 자신의 문제를 5why 질문을 통해 원인을 찾아봅시다.

제퍼슨 기념관 전경

왜 대리석이 부식될까?

|출처| https://www.nps.gov/thje/index.htm

미국의 제퍼슨 기념관은 대리석 부식이 빠르게 진행되고 있었다. 새로 부임한 제퍼슨 기념관 관장은 직원들에게 "왜"라는 질문을 던짐으로써 다음과 같은 해결책을 도출하였다.

질문 1	왜 대리석들이 빨리 부식될까?	대답	직원들의 질문에 대한 대답은 대리석을 비눗물로 자주 씻기 때문에 부식이 발생한다고 하였다.
질문 2	왜 비눗물로 자주 씻 는가?	대답	비둘기 배설물 때문에 비눗물로 자주 씻는다고 하였다.
질문 3	왜 비둘기들이 많이 오는가?	대답	비둘기의 먹이인 거미가 많이 오기 때문이라고 하였다.
질문 4	왜 거미들이 많이 오는가?	대답	거미들의 먹이인 나방이 많이 오기 때문이라고 하였다.
질문 5	왜 나방은 몰려드는가?	대답	황혼 무렵 점등되는 기념관 불빛이 원인이라고 하였다.

해결책 제퍼슨 기념관 관장은 황혼 무렵 점등을 일찍 켜서 주변의 나방이 몰려든 것이 제퍼슨 기념관 대리석 부식의 근본 원인이라는 것을 알고 기념관의 전등을 2시간 늦게 켜서 대리석 부식의 원인을 해결하였다.

3 자신이 속한 모둠에서 문제 원인을 위 예시처럼 5why 질문을 통해 분석해 봅시다.

5Why 진짜 문제 원인 찾기	

해결하고 싶은 문제	❶

왜 ❶번 문제가 발생할까? 왜냐하면	❷	때문에
왜 ❷번 문제가 발생할까? 왜냐하면	❸	때문에
왜 ❸번 문제가 발생할까? 왜냐하면	❹	때문에
왜 ❹번 문제가 발생할까? 왜냐하면	❺	때문에
나의 결론 문제의 원인은		이다.

| 문제 발견하기 | 아이디어 도출 | 해결 방법 설계 및 구현 | 적용 및 평가 |

03 |차시| 공감하여 문제 바라보기

1 선택한 문제 상황을 사람, 도구, 환경, 활동과 같이 4가지 관점에서 관찰하고 활동지에 관찰 결과를 기록해 봅시다.

관점 \ 사진			
사람 예 사람들이 음식을 최대한 많이 담아가려고 함			
도구 예 식판과 수저의 모양과 크기			
환경 예 음식물 쓰레기통이 준비되어 있어서 자연스럽게 버림			
활동 예 본인이 먹을 양 이상을 식판에 담아 감			

2 선택한 미래 직업 문제를 해결하기 위해 관찰해야 할 대상을 정하고, 관찰과 공감 계획을 세워 봅시다.

공감 계획 세우기 공감 대상(사람/사진/장소), 공감 방법(인터뷰, 관찰)

❶ ・공감 대상:

・공감 방법:

・내용:

❷ ・공감 대상:

・공감 방법:

・내용:

❸ ・공감 대상:

・공감 방법:

・내용:

❹ ・공감 대상:

・공감 방법:

・내용:

| 문제 발견하기 | 아이디어 도출 | 해결 방법 설계 및 구현 | 적용 및 평가 |

04 |차시 공감을 통한 진짜 문제 찾기

1 각자 활동지의 항목대로 문제 대상을 공감할 수 있게 공감 지도를 작성해 봅시다.

THINK&FEEL 그에게 가장 중요한 것은 무엇인가? 어떤 고민이 있는가?

HEAR 그에게 영향을 준 외부 요인이나 말은 무엇일까

SEE 주변에 존재하는 것 그리고 보는 것은 무엇일까?

SAY&DO 그는 어떻게 말하고 어떤 행동을 하는가?

PAIN 그의 어려움, 좌절, 장애물은 무엇인가?

GAIN 그가 원하고 필요로 하는 것은 무엇인가?

05 |차시 최종 문제 재정의 하기

1 최초 문제가 문제 탐색 과정을 거쳐 어떤 최종 문제로 재정의되었는지 작성해 봅시다.

> 최초 문제

> 문제 탐색 과정

> 최종 문제

| 문제 발견하기 | 아이디어 도출 | 해결 방법 설계 및 구현 | 적용 및 평가 |

06 |차시 아이디어를 탐색하기

1 스마트폰이나 PC를 통해 인터넷에서 판매되고 있는 다양한 아이디어 상품들을 검색해 봅시다.

📷 신기하고 기발한 아이디어 상품

|참고 사이트|
아이디어홀릭(http://goo.gl/OAIKVU),
어머유건사야해(https://goo.gl/wkzlZ5),
아이디어오디션(http://goo.gl/DOxsnv),
와디즈(https://goo.gl/sLqzZ4),
텀블벅(https://goo.gl/jjRnm),
킥스타터(https://goo.gl/Pdg8He)

2 모둠별로 찾은 기발한 아이디어 상품과 모둠의 문제와 유사한 문제 해결 아이디어 상품을 찾아 검색한 이미지와 함께 내용을 기록해 봅시다.

내가 찾은 기발한 아이디어 상품

• 그림: • 내용:

우리의 문제와 유사한 문제 해결 아이디어

• 그림: • 내용:

| 문제 발견하기 | 아이디어 도출 | 해결 방법 설계 및 구현 | 적용 및 평가 |

07 |차시 아이디어 발상하기

1 문제 해결을 위한 아이디어를 브레인 라이팅(brain writing) 기법을 이용하여 발상하는 방법을 알아봅시다.

브레인 라이팅 설명

브레인 라이팅 기법은 머릿속에서 떠오르는 아이디어를 종이에 적어낼 때 아래의 사항을 염두에 두도록 한다.

- 최대한 많은 아이디어를 적을 것
- 자유롭게 생각하고 님의 생각을 비판하지 않을 것
- 다른 사람의 아이디어를 발전시켜 개선할 것
- 판단은 마지막까지 미룰 것

2 가치 판단은 뒤로 하고 다른 사람의 아이디어를 응용하여 최대한 많은 아이디어를 적어 봅시다.

아이디어(무제한)

좋은 아이디어(3가지)

가장 좋은 아이디어(1가지)

08 |차시 새로운 아이디어 창출하기

1 스캠퍼(SCAMPER)는 다음과 같이 7가지 단어의 첫 글자를 따서 만든 것으로 기존의 형태나 아이디어를 다양하게 변형시키는 발명 사고 기법입니다. 어떤 내용인지 알아봅시다.

약자	의미	아이디어
S	**Substitute** 대체시키면? 예)종이컵, 나무젓가락	• 무엇인가를 다른 것으로 대체할 **수** 있는가? 그 외에 누구, 무엇을 바꿀 수 있을까? 규칙은 바꿀 수 있을까? • 다른 부분은? 다른 재료는? 다른 에너지는? 다른 장소는? 다른 접근 방법은? • 대신 무엇을 사용할까?
C	**Combine** 결합하면? 예)지우개 연필, 필터 담배	• 무엇을 결합할 수 있을까? 용도를 결합할 수 있을까? 아이디어를 조합하면? • 단위를 결합하거나 자료, 재료를 결합할 수 있을까? • 어떤 항목이 이것과 결합될 수 있을까? 목적을 합하면? • 어떻게 결합시킬 수 있을까? 공감되는 부분을 어떻게 결합할 수 있을까?
A	**Adopt** 적용하면? 예)장미 넝쿨 → 철조망	• 이것과 비슷한 것은? • 무엇을 모방할 수 있을까? • 그 밖의 무엇이 적용될 수 있을까? 현재 연구하고 있는 영역 밖의 다른 어떤 아이디어를 포함시킬 수 있을까?
M	**Modify, Magnify, Minify** 수정·확대 축소하면? 예)Post-it, 노트북, 확성기	• 어떤 부분을 수정할 수 있을까? 새로운 방식은? 의미, 색깔, 움직임, 소리, 냄새, 형태, 모양, 이름을 바꿀 수 있을까? • 무엇이 확대되고 대형화될 수 있을까? 과장될 수 있을까? 추가될 수 있을까? 시간, 힘, 높이, 길이를 확대할 수 있을까? 빈도수를 높이게 되면? 더 강하게 하면? 복제하면? 간소화? 분리하면? 빼면? 작게 하면? 가볍게 혹은 짧게 하면?
P	**Put to other use** 다른 용도는? 예)옥수수 연료	• 이것을 그 밖의 어떤 용도로 사용할 수 있을까? • 이것을 있는 그대로 사용할 수 있는 새로운 방법이 있을까? • 수정한다면 어떤 용도가 있을까? 이것으로부터 그 밖의 무엇이 만들어질 수 있을까? • 다른 용도로 확장할 수 있을까? 또 다른 시장은?
E	**Eliminate** 제거하면? 예)오픈카, 야외극장	• 이것을 없애 버리면? • 무엇을 생략할까? 무엇을 삭제할까? 불필요한 것은 무엇일까? 부품 수를 줄이면? 이것을 나눠야 할까? 분리해야 할까? 이것을 아예 다른 부분으로 독립시켜야 할까? • 간소화해야 할까? 축소시켜야 할까? 농축시켜야 할까? 압축시키면? 낮추면? 더 가볍게 하면? 규칙을 제거할 수 있을까? 없어도 할 수 있는 것은?
R	**Reverse** 재배치, 거꾸로 하면? 예)벙어리 장갑	• 어떤 배열이 더 좋은가? 구성 요소를 상호 교환할 수 있을까? • 다른 패턴은? 다른 설계는? 다른 순서는? 순서를 바꾸면? 원인과 결과를 바꿔 놓으면? • 속도를 바꾸면? 계획을 바꾸면? 역할을 바꾸면? 위치를 바꾸면? 정반대는 무엇인가? 부정적인 면은 무엇인가? • 긍정적인 면과 부정적인 면을 바꿀 수 있을까? 내리는 대신 위로 올릴 수 있을까? 위로 올리는 대신 아래로 내릴 수 있을까? • 거꾸로 생각할 수 있을까? 역할을 바꿀 수 있을까? 예상치 못한 일을 할 수 있을까?

2 스캠퍼 기법을 이용하여 아이디어를 생각하여 적어 봅시다.　　　　　　(30분)

약자	의미	아이디어
S	Substitute 대체시키면?	예
C	Combine 결합하면?	
A	Adopt 적용하면?	
M	Modify, Magnify, Minify 수정 · 확대 축소하면?	
P	Put to other use 다른 용도는?	
E	Eliminate 제거하면?	
R	Reverse 재배치, 거꾸로 하면?	

09 |차시| 아이디어 검토하기

1 다양한 아이디어를 PMI 기법을 이용하여 유목화하여 검토하는 방법을 알아봅시다.

▶ PMI 기법은 아이디어의 장·단점을 측정할 수 있어 아이디어 평가에 많이 사용된다. Plus(강점)는 아이디어를 실행했을 때 긍정적인 면을 떠올리는 것이고, Minus(약점)는 부정적인 면을 생각하는 것이다. 또한, Interesting(흥미)은 아이디어의 흥미로운 점을 찾아내는 것이다. 궁극적으로 PMI 기법은 제안된 아이디어 중 무엇이 최선책인지를 파악하여 결정하는 방법이다.

2 지난 시간 도출된 다양한 아이디어를 PMI 기법에 따라 가장 좋은 아이디어, 긍정적인 아이디어, 부정적인 아이디어, 흥미로운 아이디어로 구분하고 종합하여 하나의 아이디어를 선택해 봅시다.

> 가장 좋은 아이디어

> Plus 아이디어의 긍정적인 면

> Minus 아이디어의 부정적인 면

> Intersting 아이디어의 흥미로운 면

> 종합 평가 및 보완

10 |차시| 아이디어 비주얼 씽킹하기

1 다음 예시와 같이 아이디어를 단순한 그림으로 표현하기 위해 비주얼 씽킹(Visual thinking)에 대해 알아봅시다.

▶ 비주얼 씽킹: '생각의 이미지화', 즉 자신의 생각을 글과 이미지로 체계화하는 작업을 통해 기억력과 이해력을 키우는 시각적 사고 방법을 말한다.

예
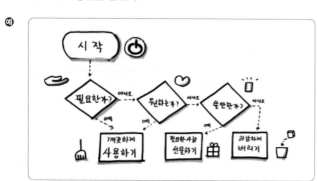 

|출처| 정진호의 비주얼 씽킹

2 비주얼 씽킹의 단순화 스케치 방법을 이용하여 아이디어를 그림으로 표현해 봅시다.

| 문제 발견하기 | 아이디어 도출 | 해결 방법 설계 및 구현 | 적용 및 평가 |

11 |차시 아이디어를 분해하고 자료 수집하기

1 아이디어를 다양한 요소로 분해하고 자료를 수집할 수 있는 로터스 방법에 대해 알아봅시다.

[로터스법 작성 순서]

❶ 3×3 그리드를 중앙에 배열한 다음 기획 제목을 적고, 에 워싼 8칸에는 큰 항목에 해당하는 목차를 적어 넣는다.

❷ 8칸에 적어 넣은 큰 항목을 각각 핵분열하여 또다시 3×3 그리드에 세세한 항목을 적어 넣는다.

❸ 각각 핵분열한 내용 중 또다시 세분화할 내용이 있으면 파생된 키워드를 중심으로 3×3 그리드를 만들어 내용을 채운다.

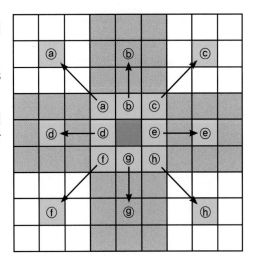

2 로터스 방법을 이용하여 아이디어를 다양한 요소로 분해하고, 각 요소별로 필요한 자료를 수집하여 기록해 봅시다.

자료			자료			자료		
	A			B			C	

자료			A 요소	B 요소	C 요소	자료		
	D		D 요소	IDEA	E 요소		E	
			F 요소	G 요소	H 요소			

자료			자료			자료		
	F			G			H	

문제 발견하기 ▷ 아이디어 도출 ▷ **해결 방법 설계 및 구현** ▷ 적용 및 평가

12 |차시| 맞춤형 자료와 아이디어 실행 절차 만들기

1 수집한 자료 중 유용한 자료를 선택하고, 실행 요소를 적어 봅시다.

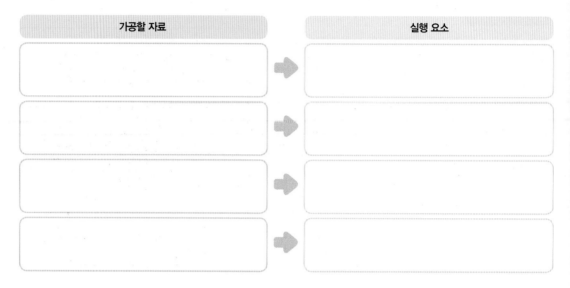

가공할 자료		실행 요소

2 아이디어가 실행될 수 있도록 구체적인 실현 계획을 적어 봅시다.

• 추상화, 패턴 인식, 절차적 사고로 진행되는 아이디어 실행 절차를 작성한다.

추상화	패턴 인식	절차적 사고
실행 요소를 단순하게 표현해 봅시다. 예 이 닦기	같은 패턴이 반복되는 요소를 찾아봅시다. 예 윗니 닦기, 아랫니 닦기, 윗니 닦기…	아이디어가 실행되는 절차를 적어 봅시다. 예 칫솔 들기→치약 묻히기→이 닦기

13 |차시   아이디어를 실현하는 프로그램 만들기

1 애플리케이션 등의 프로그램으로 아이디어를 어떻게 구현할 수 있을지 적어 봅시다.

2 아이디어 시뮬레이션 프로그램의 시나리오, 사용 오브젝트, 순서도를 작성해 봅시다.

시나리오	오브젝트	순서도
만들고자 하는 프로그램의 작동 시나리오를 적어 봅시다.	필요한 오브젝트와 기능을 적어 봅시다. **예** 독수리, 계속 좌우로 날아다닌다.	오브젝트가 실행되는 순서도를 만들어 봅시다. 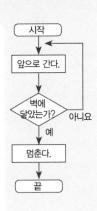

14 |차시 아이디어를 실현하는 로봇 장치 만들기

1 아이디어를 실현할 수 있는 시뮬레이션 로봇을 만들 수 있게 콘티 작성 방법을 알아봅시다.

2 아이디어 시뮬레이션 로봇의 시나리오, 사용 부품, 순서도를 작성해 봅시다.

시나리오	오브젝트	순서도
만들고자 하는 프로그램의 작동 시나리오를 적어 봅시다.	필요한 오브젝트와 기능을 적어 봅시다. **예** 수분 센서, 화분의 수분 값을 측정한다.	오브젝트가 실행되는 순서도를 만들어 봅시다.

순서도:

시작 → 수분 측정 → 〈수분 없는가?〉 아니요(위로) / 예 → 햄스터 소리 내기 → 햄스터 빨간 불 켜기 → 햄스터 앞뒤로 5번 움직이기 → 끝

15 |차시 아이디어를 실현하는 3D 물건 만들기

1 문제를 해결할 수 있는 아이디어 제품의 디자인을 스케치한 후 팅커캐드로 모델링해 봅시다.

> 아이디어 스케치

2 실제 모델링한 디자인을 3D 프린터로 출력하고 결과물을 사진 찍어 봅시다.

문제 발견하기 ＞ 아이디어 도출 ＞ **해결 방법 설계 및 구현** ＞ 적용 및 평가

16 |차시| 린 캔버스(Lean Canvas)로 아이디어 적용 계획 세우기

1 아래의 항목을 참고하여 아이디어를 사업적으로 적용할 수 있는 구체적인 계획을 세워 봅시다.

❶ 고객: 문제 해결을 가장 필요로 하는 고객은 누구인가?

❷ 문제: 어떤 문제가 있는가?

❸ 솔루션: 문제 해결을 위한 나만의 아이디어는 무엇인가?

❹ 기존 대안: 우리의 솔루션과 비슷한 기존에 나온 제품은 무엇인가?

❺ 경쟁 우위: 우리의 솔루션이 다른 제품에 비해 우수한 점은 무엇인가?

❻ 핵심 활동: 아이디어를 실현할 핵심 활동은 무엇인가?

❼ 고유 가치: 아이디어와 핵심 활동을 통해 어떤 가치를 제안할 것인가? (고객의 혜택)

❽ 홍보 채널: 고객에게 어떻게 아이디어를 전할 것인가? (온라인/오프라인)

❾ 비용 구조: 어떤 비용이 발생될 것인가?

❿ 수익 구조: 어떻게 수익이 발생될 것인가?

2 다음과 같이 한 장으로 구성된 사업 계획서, 즉 린 캔버스(Lean Canvas)를 이용하여 모둠의 아이디어를 어떻게 구현하고 적용할 것인지 구체적인 계획표를 작성해 봅시다.

린 캔버스(Lean Canvas)로 구체적인 적용 계획 세우기

문제	솔루션	고유 가치	경쟁 우위	고객
기존 대안	핵심 활동		홍보 채널	
비용 구조		수익 구조		

17 |차시 SWOT로 사업 분석하기

1 강점, 약점, 기회, 위협 요소를 파악하여 사업을 분석하는 방법을 알아봅시다.

▶ SWOT : Strength(강점), Weakness(약점), Opportunity(기회), Threat(위협)의 합성어로 경영 전략을 한눈에 정리하는 분석 도구이다. 마케팅 전략을 수립할 때 기업에 영향을 미치는 여러 핵심 요소들 중 강점은 살리고 약점은 보완, 중요한 기회는 포착하여 활용하고 위협적인 요소는 억제한다.

❶ SO 전략(강점–기회 전략): 시장의 기회를 활용하기 위해 강점을 사용하는 전략을 선택한다

❷ ST 전략(강점–위협 전략): 시장의 위협을 회피하기 위해 강점을 사용하는 전략을 선택한다.

❸ WO 전략(약점–기회 전략): 약점을 극복함으로써 시장의 기회를 활용하는 전략을 선택한다.

❹ WT 전략(약점–위협 전략): 시장의 위협을 회피하고 약점을 최소화하는 전략을 선택한다.

2 자신의 사업 솔루션에 대해 강점, 약점, 기회, 위협 요소로 세분화하여 사업 분석표를 만들어 봅시다.

SWOT로 사업 분석하기

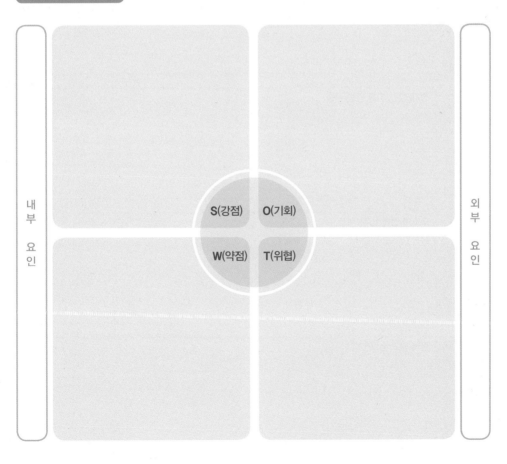

S(강점) O(기회)
W(약점) T(위협)

내부 요인

외부 요인

179

18 |차시 4P로 마케팅 계획 세우기

1 4P, 즉 상품, 가격, 유통 경로, 광고 홍보와 같이 4가지 요소로 마케팅 계획을 세우는 방법을 알아봅시다.

▶ 4P: 기업은 성공적인 마케팅을 위해 통제 가능한 마케팅 요소를 적절히 섞어서 균형 잡힌 마케팅 활동을 한다. 이때 대표적으로 사용되는 요소가 Product(상품), Price(가격), Place(유통), Promotion(광고 홍보)과 같이 4가지가 있다.

❶ Product(상품): 회사가 판매할 적절한 서비스나 상품을 개발하는 것
❷ Price(가격): 서비스 이용료, 운송료 등 가격 결정에 있어 필요로 하는 기준
❸ Place(유통): 상품이 적시 적소에 고객에게 도달하도록 유통 경로를 통제하는 것
❹ Promotion(광고 홍보): 상품에 관해 소비자들에게 정보를 제공하고 설득하는 수단

2 자신의 사업 솔루션에 Product(제품), Price(가격), Place(유통 경로), Promotion(판촉)의 요소로 세분화하여 마케팅 계획을 세워 봅시다.

상품	상품 이름/디자인/특징
가격	정가/할인/지불 방법/환불
유통 경로	도소매 선택/입지/재고
광고 홍보	판매 광고 홍보/DM

| 문제 발견하기 | 아이디어 도출 | 해결 방법 설계 및 구현 | 적용 및 평가 |

19 |차시| 적용 및 평가하기

실제 아이디어 제품을 어떻게 고객에게 적용한 후, 결과를 어떻게 평가할지 계획표를 작성하고 실제 적용하여 효과를 평가해 봅시다.

고객에게 적용한 솔루션의 효과 평가하기

적용 대상	
평가 방법	
유통 경로	
평가 결과	

20 |차시| 적용 계획을 재수립하기

적용 결과 발견된 문제점을 분석하고 보완해 봅시다.

문제 해결 결과를 바탕으로 적용 계획 다시 세우기

솔루션	
문제점	
보완 사항	

21 |차시 재적용 및 평가

2차로 어떻게 아이디어 솔루션을 재적용하고 결과를 평가할지 계획표를 작성해 봅시다. 또한 실제 재적용하여 효과를 평가하도록 합시다.

문제 해결 결과를 바탕으로 적용 계획 다시 세우기

적용 대상	
평가 방법	
평가 결과	

22 |차시 성찰

SW 메이킹 활동을 진행하면서 느낀 점을 작성하고, 자유롭게 적어 봅시다.

그동안 수업 활동에서 느낀 점을 자유롭게 적어 보세요.

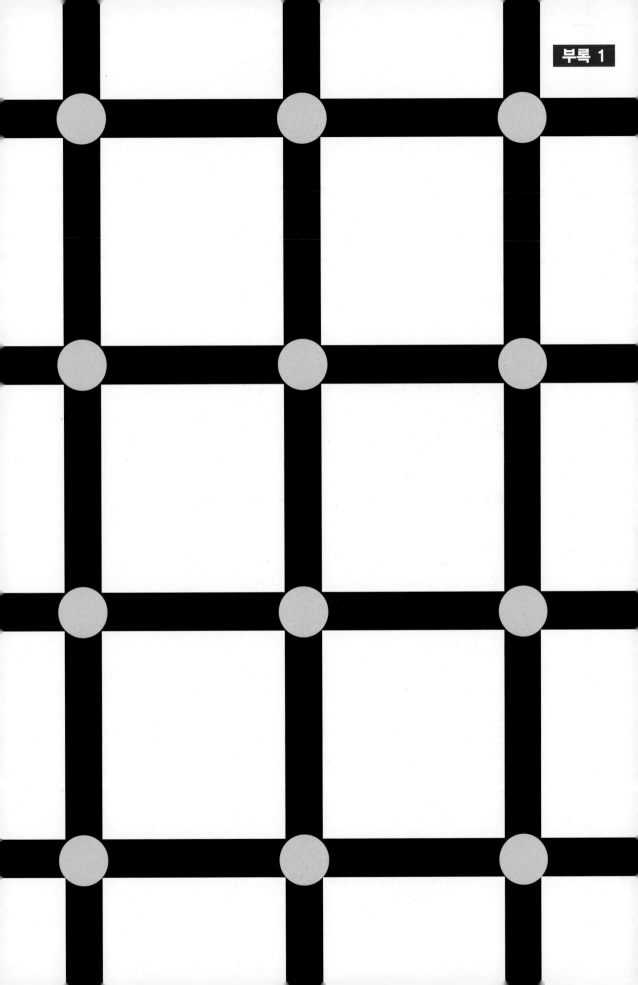

| 참고 사이트 |
· 햄스터 스쿨 : http://hamster.school/ko/   · 팅커캐드 : https://www.tinkercad.com/

| 만화 저작 도구 | 코미PO!

기업가 정신 함양을 위한
SW 로봇 & 3D 메이킹

발 행 일	초판 1쇄 발행 2019년 01월 10일
지 은 이	김명석
감 수	박광현
발 행 인	신재석
발 행 처	(주)삼양미디어
주 소	서울시 마포구 양화로 6길 9-28
전 화	02) 335-3030
팩 스	02) 335-2070
등록번호	제10-2285호
	Copyright ⓒ 2019, samyangmedia
홈페이지	www.samyang𝓜.com
I S B N	978-89-5897-371-3
정 가	14,000원

삼양미디어는 이 책에 대한 독점권을 가지고 있습니다.
따라서 삼양미디어의 서면 동의 없이는 누구도 이 책의
전체 또는 일부를 어떤 형태로도 사용할 수 없습니다.
이 책에는 등장하는 제품명은 각 개발 회사의 상표 또는 등록상표입니다.
잘못된 책은 바꾸어 드립니다.

Hamster

🔋
♻

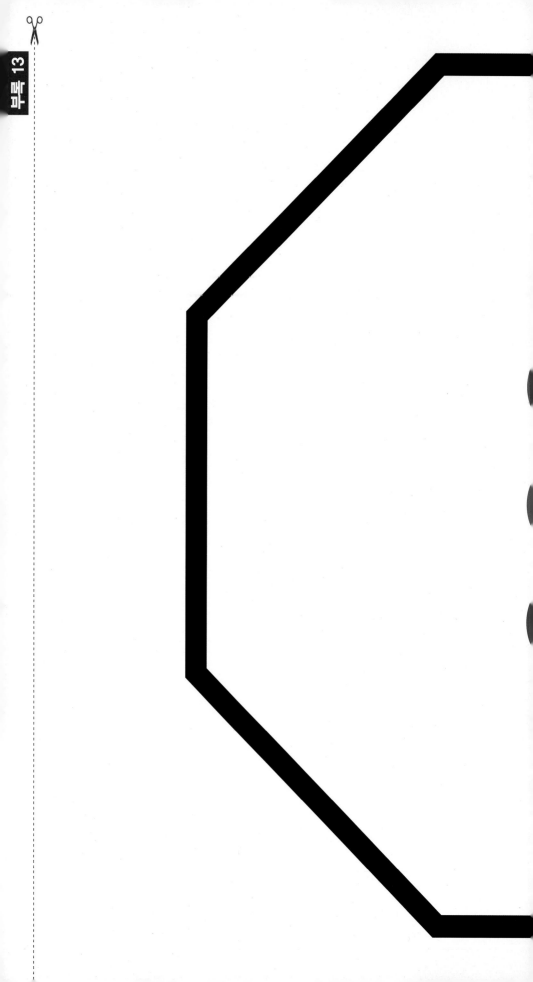

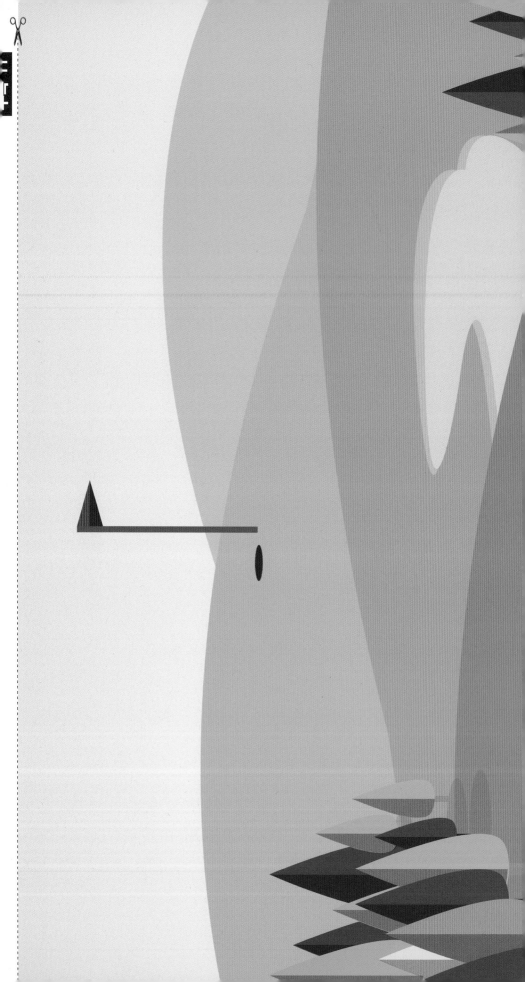

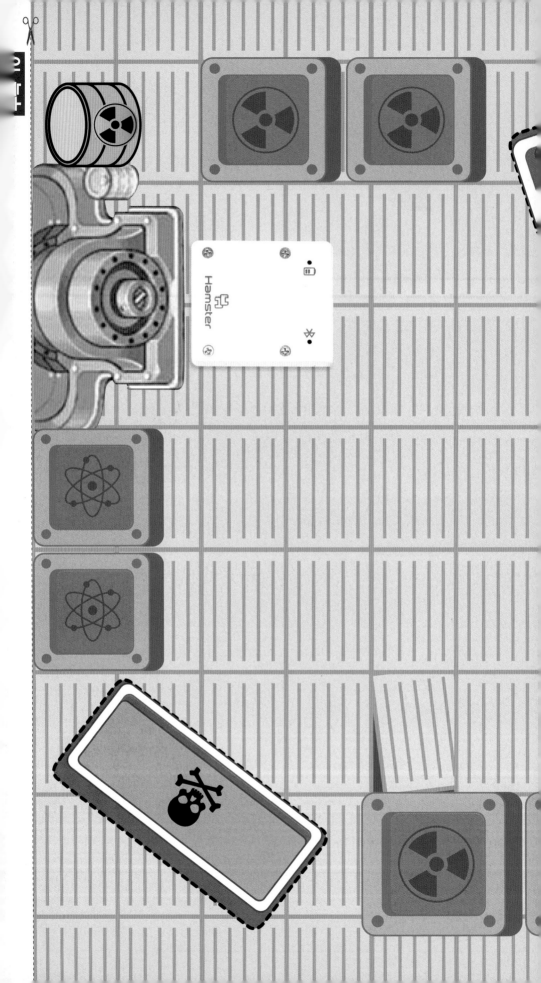

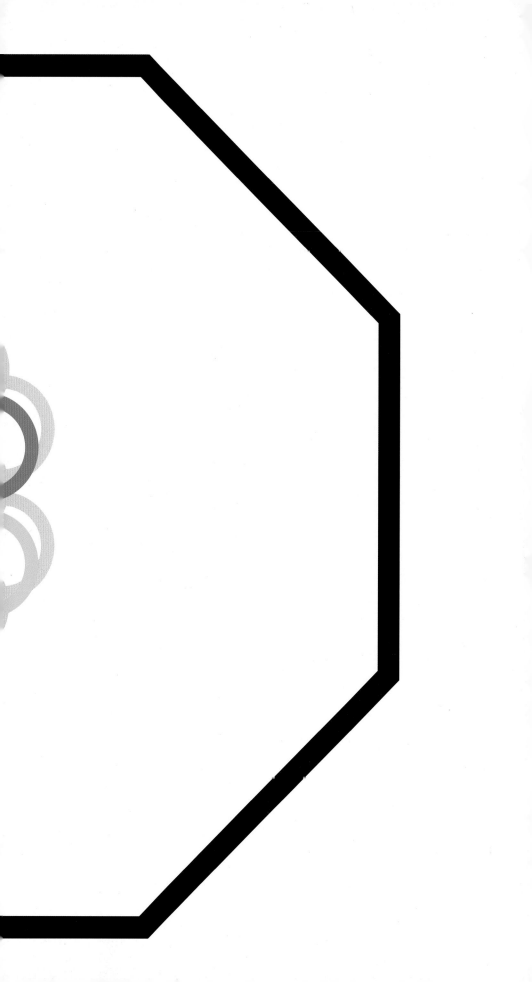

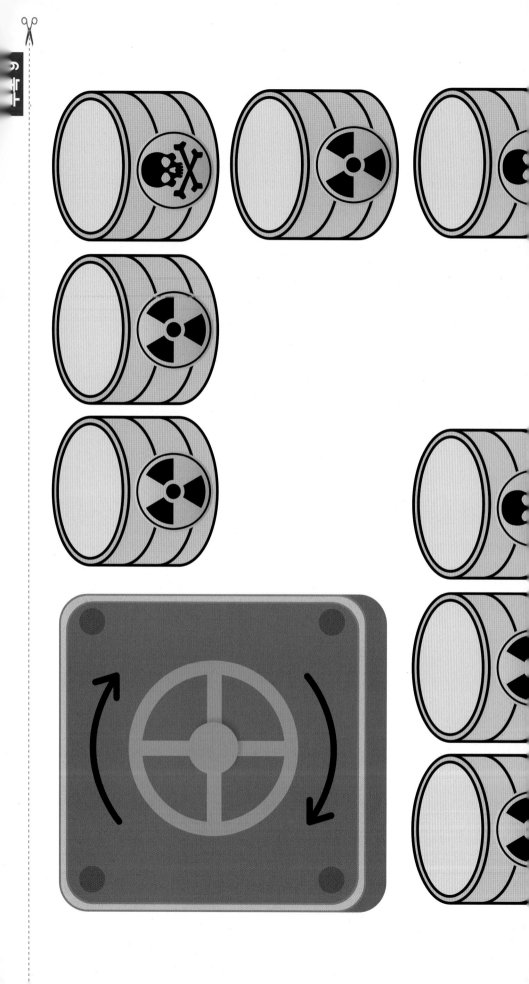

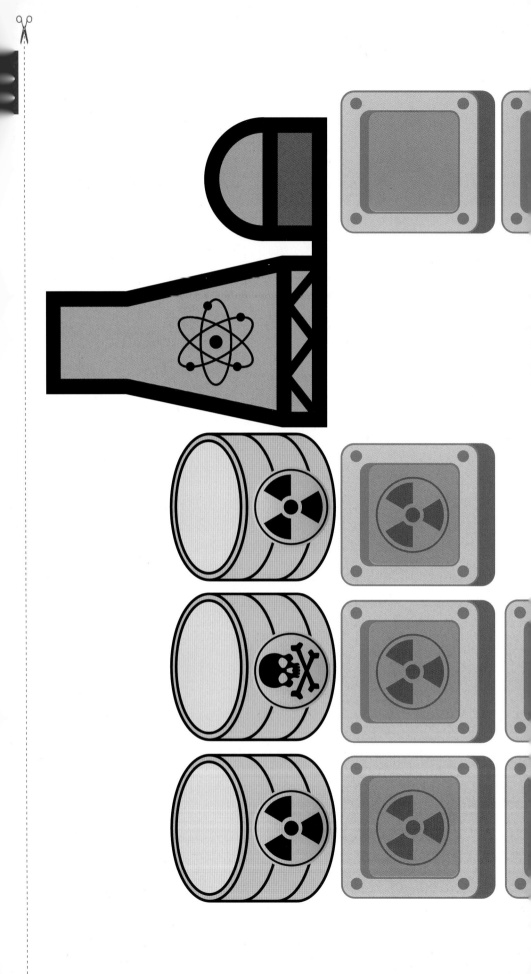

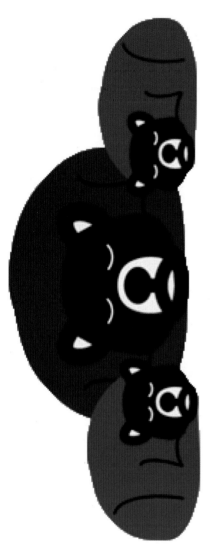
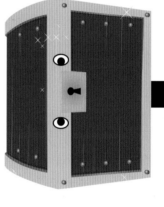

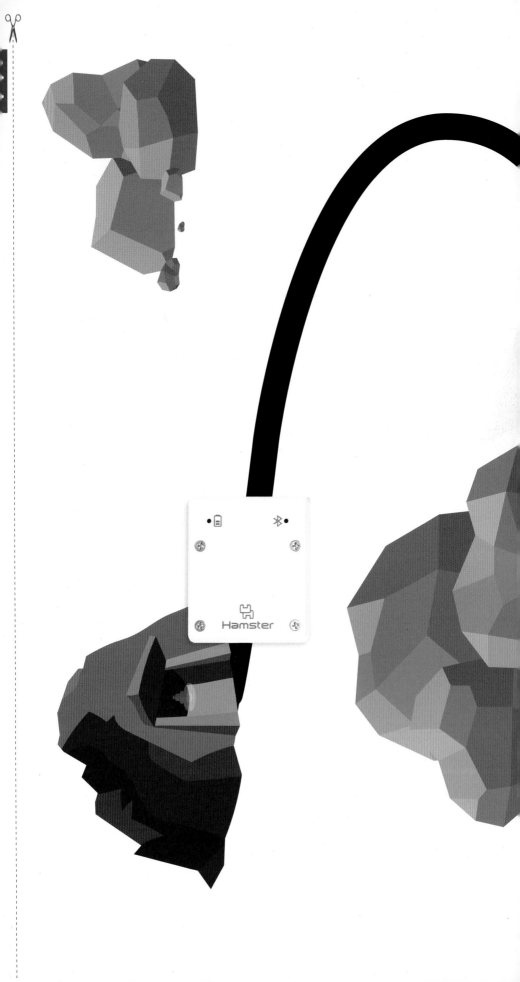

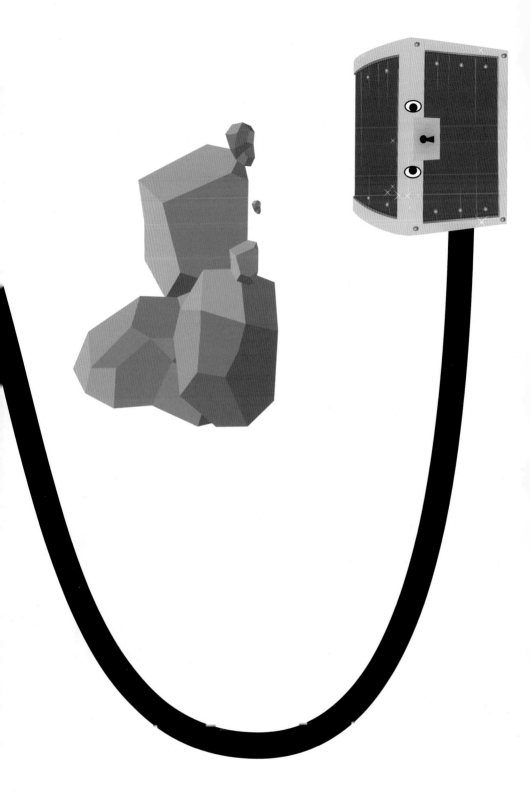

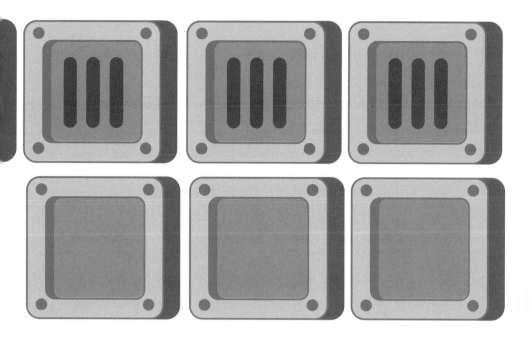
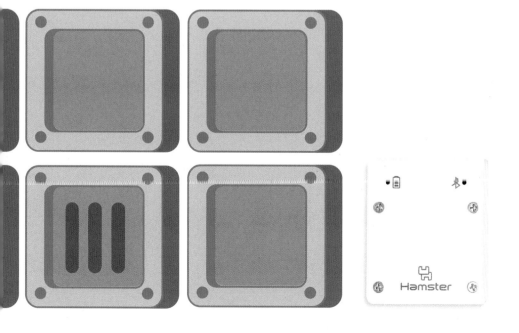

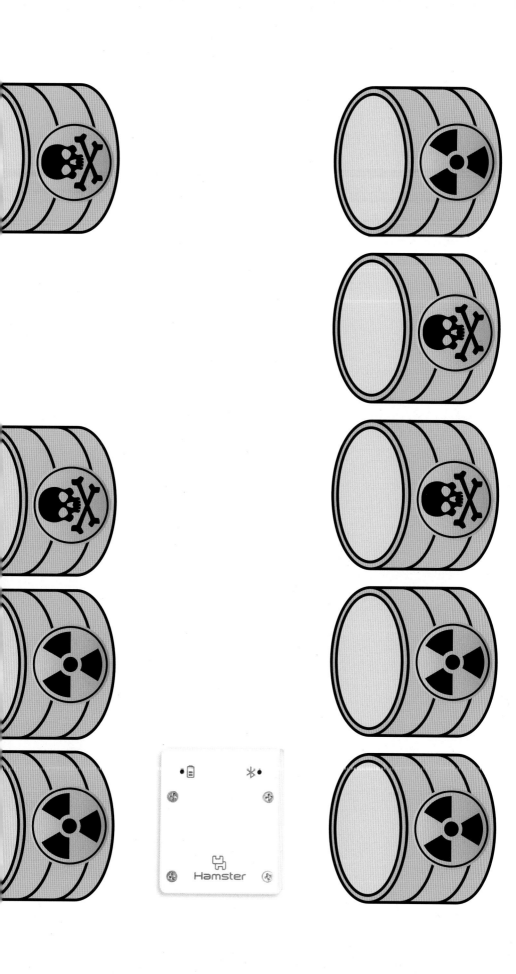

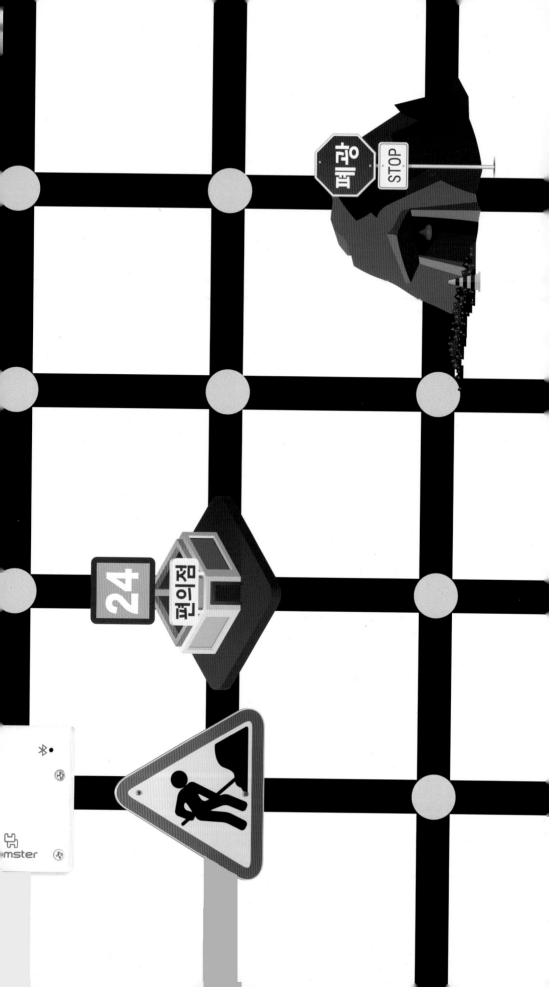

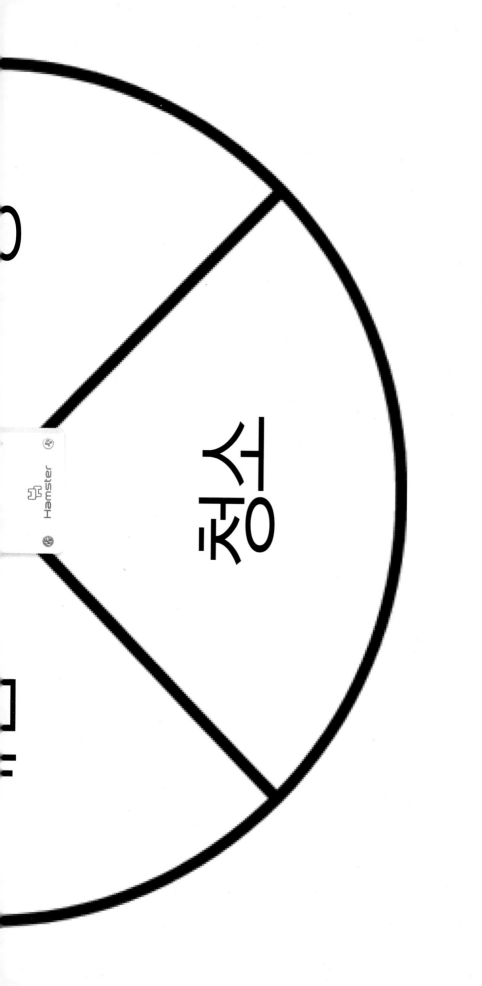

정소

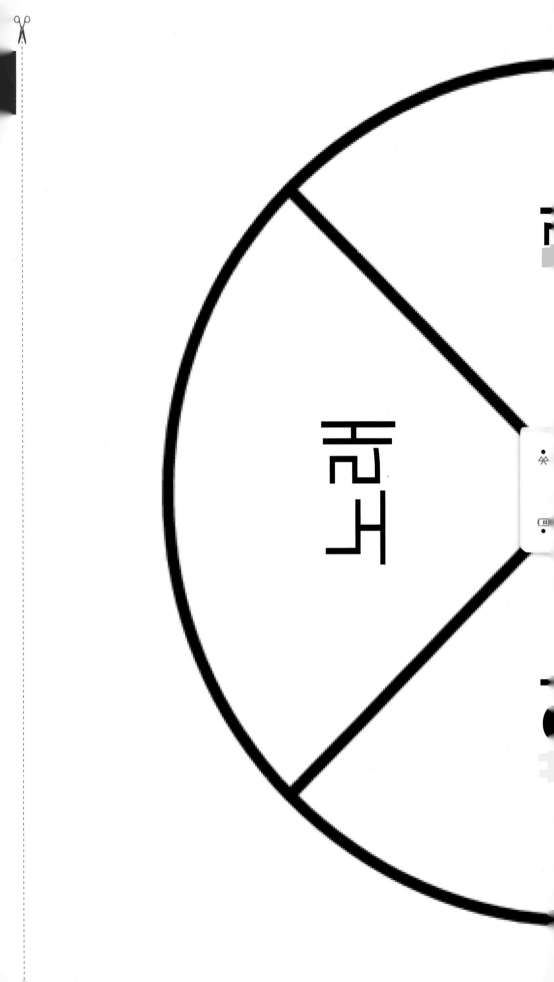

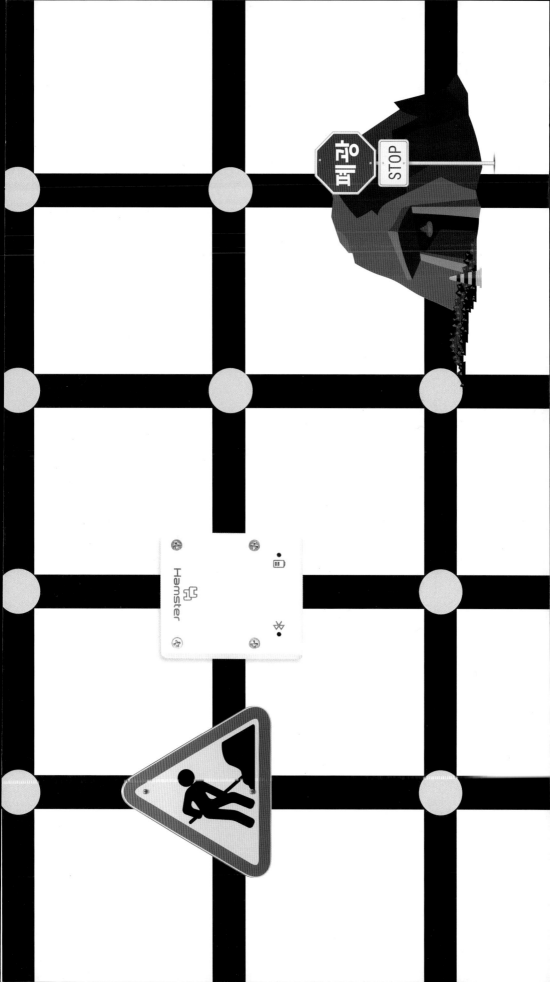